Weiterführend empfehlen wir:

Die Eigentumswohnung von A–Z
ISBN 978-3-8029-3567-1

Profi-Handbuch Wertermittlung von Immobilien
ISBN 978-3-8029-3354-7

Profi-Handbuch für Wohnungseigentümer
ISBN 978-3-8029-3358-5

Wohnen im Alter von A–Z
ISBN 978-3-8029-7507-3

Profi-Handbuch Wohnungs- und Hausverwaltung
ISBN 978-3-8029-3353-0

Miet-Nebenkosten
ISBN 978-3-8029-3730-9

Immobilien günstig ersteigern
ISBN 978-3-8029-3628-9

Hausbau in Eigenleistung
ISBN 978-3-8029-3341-7

ABC des Mietrechts
ISBN 978-3-8029-3289-2

Florian Streibl

Ihre Rechte in der Wohnungseigentümerversammlung

So setzen Sie Ihre Interessen durch

8., aktualisierte Auflage

Mit den Änderungen der WEG-Reform

WALHALLA FACHVERLAG

Bibliografische Information Der Deutschen Bibliothek
Die Deutsche Bibliothek verzeichnet diese Publikation in der Deutschen Nationalbibliografie; detaillierte bibliografische Daten sind im Internet über http://dnb.ddb.de abrufbar.

Zitiervorschlag:
Florian Streibl, Ihre Rechte in der Wohnungseigentümerversammlung
Walhalla Fachverlag, Regensburg, Berlin 2007

Hinweis: Unsere Ratgeber sind stets bemüht, Sie nach bestem Wissen zu informieren. Die vorliegende Ausgabe beruht auf dem Stand von Oktober 2007. Verbindliche Auskünfte holen Sie gegebenenfalls bei Ihrem Steuerberater bzw. Rechtsanwalt ein.

8., aktualisierte Auflage

Produktion: Walhalla Fachverlag, 93042 Regensburg
Umschlaggestaltung: grubergrafik, Augsburg
Druck und Bindung: Westermann Druck Zwickau GmbH
Printed in Germany
ISBN 978-3-8029-3619-7

Nutzen Sie das Inhaltsmenü:
Die Schnellübersicht führt Sie zu Ihrem Thema.
Die Kapitelüberschriften führen Sie zur Lösung.

Schnellübersicht

Eigene Interessen erfolgreich durchsetzen

In der heutigen Zeit gewinnt die Eigentumswohnung in unserer Gesellschaft zunehmend an Bedeutung. Immer mehr Mitbürger entscheiden sich für diese Form des Eigentums, die eine sinnvolle Alternative zum eigenen Haus oder zur Mietwohnung darstellt.

Im Gegensatz zum Hausbesitzer ist der Wohnungsbesitzer jedoch mit seinem Eigentum in die Interessen der vielen anderen Wohnungseigentümer seiner Wohnanlage eingebunden. So kann der Wohnungseigentümer z. B. nicht frei darüber entscheiden, wann, wo, wie und mit welcher Farbe die Fensterläden gestrichen werden. Eine Vielzahl von Entscheidungen, die bei Eigentumswohnungen bezüglich der Verwaltung der Wohnanlage und der Instandhaltung des Wohngebäudes anfallen, kann der einzelne Wohnungseigentümer nicht frei für sich treffen. Deshalb ist das zentrale Thema des Wohnungseigentums die Wohnungseigentümerversammlung. Dieses Entscheidungsgremium hat insbesondere zur Verwaltung des Gemeinschaftseigentums die Entscheidungen zu treffen, welche die Funktionsfähigkeit der Hausgemeinschaft garantieren sollen. Versagt die Verwaltung, kann die wirtschaftliche Grundlage der Wohnungseigentümergemeinschaft beeinträchtigt und sogar zerstört werden.

Insofern ist es für den Einzelnen und für die Gesamtheit der Wohnungseigentümer von immenser Bedeutung, welche Beschlüsse in der Eigentümergemeinschaft gefasst werden. Besonders wichtig ist dabei für den einzelnen Eigentümer das Wissen, wie er seine Meinung und seine Interessen in der Eigentümerversammlung durchsetzen kann und wie er gegen diejenigen Beschlüsse der Versammlung, die er für rechtswidrig hält, vorgehen kann. Es ist ebenfalls wichtig zu wissen, wie die Beschlüsse gefasst werden müssen, damit sie später nicht rechtlich angreifbar sind.

Diese Fragen möchte der vorliegende Fachratgeber beantworten und eine Einführung in die Formen und Strukturen geben, welche die Eigentümerversammlung beherrschen.

Florian Streibl

Wesentliche Punkte der WEG-Reform

Aufgrund WEG-Reform ergeben sich für den Wohnungseigentümer zum 1. 7. 2007 einige Änderungen. Dies sind im Wesentlichen:

- Die Einberufungsfrist für die Eigentümerversammlung beträgt nunmehr zwei Wochen.
- Der Verwalter hat eine Beschluss-Sammlung zu führen.
- Es werden Regelbeispiele für die Abberufung eines Verwalters ins Gesetz aufgenommen.
- Die Erstbestellung des Verwalters bei Begründung von Wohnungseigentum wird auf maximal drei Jahre beschränkt.
- Dem Verwalter können Prozesskosten bei grobem Verschulden auferlegt werden, auch dann, wenn er nicht Partei eines Rechtsstreits war.

Die Beschlusskompetenzen zur Änderung von Vereinbarungen wurden so erweitert, dass ein einfacher Mehrheitsbeschluss genügt, wenn es sich handelt um:

- die Verteilung von Betriebs- und Verwalterunkosten
- die Aufhebung von Veräußerungsbeschränkungen
- Fälligkeits- und Verzugsregelungen hinsichtlich der Hausgelder
- Beschlussfassungen über bauliche Veränderungen

Einen qualifizierten Mehrheitsbeschluss benötigt man bei der Kostenaufteilung für:

- Instandhaltungs- und Instandsetzungsmaßnahmen
- Modernisierungsmaßnahmen
- bauliche Veränderungen

Ebenfalls wird eine qualifizierte Mehrheit benötigt, wenn die Anlage an den heutigen Stand der Technik angepasst werden soll.

Das neue gerichtliche Wohnungseigentumsverfahren ordnet sich nicht mehr nach dem Gesetz der freiwilligen Gerichtsbarkeit, sondern nach der Zivilprozessordnung. Dies hat zur Folge, dass Kostenentscheidungen zukünftig nicht mehr Ermessenserwägungen des Gerichts sind, sondern sich nach dem Obsiegen oder Unterliegen im Rechtsstreit richten. Zuständig für Wohnungseigentumsrechtliche Streitigkeiten bleibt weiterhin das Amtsgericht. Die Anfechtung von Beschlüssen der Wohnungseigentümerversammlung erfolgt aufgrund der Umstellung auf die ZPO nicht mehr mittels eines Antrags sondern durch Anfechtungsklage. Die Anfechtungsfrist beträgt allerdings nach wie vor einen Monat. Ferner gibt es künftig auch keine Notverwalterbestellung mehr, da in Eilfällen die einstweilige Verfügung auf Einsetzung eines vorläufigen Verwalters gemäß § 43 Nr. 1 WEG möglich ist.

Eine der wichtigsten Neuerungen ist das Führen der Beschluss-Sammlung, was nach § 24 Abs. 7 und 8 WEG in den Aufgabenbereich des Verwalters fällt. Zweck der Beschluss-Sammlung ist der Schutz der Rechtsnachfolger von Wohnungseigentümern: Ein Käufer einer Eigentumswohnung soll sich anhand der Beschluss-Sammlung über die bestehende Rechts- und Beschlusslage informieren können. Denn die Beschlüsse der Wohnungseigentümergemeinschaft gelten gemäß § 10 Abs. 4 Satz 1 WEG für und gegen den Rechtsnachfolger, den Käufer; hierzu bedarf es keiner Eintragung im Grundbuch. Daher benötigt der Käufer einer Wohnungseigentumsanlage eine Übersicht anhand derer er sich über die geltende Rechts- und Beschlusslage informieren kann. Daher sind in der Beschluss-Sammlung nicht nur die Beschlüsse der Eigentümerversammlungen chronologisch aufzuführen, sondern auch schriftliche Beschlüsse sowie gerichtliche Entscheidungen. Allerdings hängt die Wirksamkeit von Beschlüssen nicht davon ab, ob sie in die Beschluss-Sammlung aufgenommen wurden oder nicht.

Grundsätzlich obliegt die Pflicht zur Führung der Beschluss-Sammlung dem Verwalter. Da es sich bei der Beschluss-Sammlung um ein wichtiges Dokument der Eigentümergemeinschaft handelt, und dieses ordnungsgemäß geführt werden muss, hat nunmehr § 26 Abs. 1 Satz 4 WEG einen wichtigen Abberufungsgrund für den Verwalter normiert, sofern dieser die Beschluss-Sammlung nicht ordnungsgemäß führt.

Der Verwalter kann die Beschluss-Sammlung entweder in schriftlicher Form, z. B. in einem Ordner, oder aber in elektronischer Form als Computerdatei führen. Die Beschlüsse der Eigentümerversammlung sind nach ihrer Verkündung unverzüglich, d. h. ohne schuldhaftes Zögern in die Beschluss-Sammlung aufzunehmen. Der Gesetzgeber geht in seiner Begründung zur WEG-Novelle davon aus, dass der Verwalter die Beschlüsse unmittelbar im Anschluss an die Verkündung in die Beschluss-Sammlung aufnimmt, spätestens am nächsten Morgen nach der Eigentümerversammlung, in der die Beschlüsse gefasst wurden.

Sofern ein Verwalter fehlt, hat der Vorsitzender der Wohnungseigentümerversammlung gemäß § 24 Abs. 8 WEG die Beschluss-Sammlung zu führen, es sei denn, die Wohnungseigentümergemeinschaft überträgt diese Aufgabe durch Stimmenmehrheit einem anderen Miteigentümer.

Teilrechtsfähigkeit

Mit der Entscheidung vom 2. 6. 2005 hat der 5. Zivilsenat des Bundesgerichtshof die Rechtsfähigkeit der Wohnungseigentümergemeinschaft anerkannt, soweit sie bei der Verwaltung des gemeinschaftlichen Eigentums am allgemeinen Rechtsverkehr teilnimmt. Dies hat zur Folge, dass die Wohnungseigentümergemeinschaft als selbstständiges Rechtssubjekt bei der Verwaltung des gemeinschaftlichen Eigentums am Rechtsverkehr teilnehmen kann. Sie kann z. B. unter dem Namen „Wohnungseigentümergemeinschaft, König-Ludwig-Straße 350–351, Oberammergau" Rechte erwerben und Verbindlichkeiten eingehen. Somit ist die Wohnungseigentümergemeinschaft auch parteifähig und kann vor Gericht klagen und verklagt werden. Für die Gemeinschaft handeln dann ihre Organe, dies sind die Wohnungseigentümer und der Verwalter.

Folglich kann im Innenverhältnis die Wohnungseigentümergemeinschaft gegen säumige Miteigentümer das Hausgeld sowie Beiträge zur Instandhaltungsrücklage einklagen oder Schadensersatzklagen sowie Klagen auf Entziehung des Wohnungseigentums gemäß §§ 18, 19 WEG gegen einen Miteigentümer betreiben. Wenn ein entsprechender Beschluss vorliegt, kann auch die Gemeinschaft als solche bei Störungen und Verstößen gegen die Hausordnung auf Unterlassung klagen und die Beseitigung von baulichen Veränderungen verlangen.

Dem einzelnen Wohnungseigentümer verbleiben als Individualrechte:

- die Beschlussanfechtung
- der Anspruch auf ordnungsgemäße Verwaltung
- der Anspruch auf Schadensersatz gegen Miteigentümer oder Dritte
- Unterlassungs- und Beseitigungsansprüche

Das Verwaltungsvermögen ist das Vermögen der teilrechtsfähigen Wohnungseigentümergemeinschaft. Bei Forderungen gegen diese haften nunmehr anteilig die Wohnungseigentümer unmittelbar entsprechend der Höhe Ihres Miteigentumsanteiles, das heißt die Wohnungseigentümer können unmittelbar vom Gläubiger in Anspruch genommen werden. Allerdings ist die teilrechtsfähige Wohnungseigentümerschaft nicht insolvenzfähig. Diese Rechtsprechung wurde in die Novellierung des Wohnungseigentumsgesetzes aufgenommen und fand darin ihren Niederschlag.

Abkürzungen

a. A.	andere Ansicht
AG	Amtsgericht
BayObLG	Bayerisches Oberstes Landesgericht
BayObLGZ	Entscheidungen des Bayerischen Obersten Landesgerichts in Zivilsachen
BGB	Bürgerliches Gesetzbuch
BGH	Bundesgerichtshof
BGHZ	Entscheidungen des Bundesgerichtshofs in Zivilsachen
BlGBW	Blätter für Grundstücks-, Bau- und Wohnungsrecht
DWE	Der Wohnungseigentümer (Zeitschrift)
GO	Grundbuchordnung
KG	Kammergericht Berlin
LG	Landgericht
MDR	Monatsschrift für deutsches Recht
NJW	Neue Juristische Wochenschrift
NJW-RR	Neue Juristische Wochenschrift – Rechtsprechungsreport (Zivilrecht)
NZM	Neue Zeitschrift für Miet- und Wohnungsrecht
OLG	Oberlandesgericht
OLGZ	Entscheidungen der Oberlandesgerichte in Zivilsachen
WEG	Wohnungseigentumsgesetz
WEM	Wohnungseigentümermagazin (Zeitschrift)
WM	Wohnungswirtschaft- und Mietrecht (Zeitschrift)
ZMR	Zeitschrift für Miet- und Raumrecht
ZPO	Zivilprozessordnung

Ihre Interessenvertretung: Der Verwaltungsbeirat

1

Aufgaben und Pflichten des Verwaltungsbeirats

Zwar ist der Verwaltungsbeirat kein Organ im Sinne des § 31 BGB, und er ist auch nicht zwingend vom Gesetz vorgeschrieben, aber er ist neben der Eigentümerversammlung das Gremium, welches Ihre Interessen als Wohnungseigentümer gegenüber der Hausverwaltung vertritt. Die wichtigste Aufgabe des Verwaltungsbeirats ist die Überprüfung des Wirtschaftsplans und der Jahresabrechnung des Verwalters. Kurz gesagt ist der Verwaltungsbeirat die ständige Vertretung der Eigentümerversammlung gegenüber dem Verwalter.

Als Wohnungseigentümer haben Sie es in der Hand, dazu beizutragen, ob und wie Ihre Wohnanlage verwaltet wird. Es liegt dabei an Ihnen, ob die Wohnanlage professionell und wirtschaftlich erfolgreich verwaltet wird. Deshalb sollten Sie Ihre Rechte und Pflichten als Eigentümer ernst nehmen. Das bedeutet in erster Linie, dass Sie an der Eigentümerversammlung teilnehmen müssen. Eine Teilnahme ist jedoch nur dann erfolgversprechend, wenn Sie sich auf dieses Treffen sorgfältig vorbereiten. Die Jahresabrechnung und den Wirtschaftsplan, der Ihnen vom Verwalter der Wohnanlage vorgelegt wird, sollten Sie also genau prüfen. Des Weiteren ist es wichtig, dass Sie an Erörterungen, Diskussionen und Beschlüssen der Eigentümerversammlung aktiv mitwirken.

Wichtig: Bei der Auswahl des Verwalters ist es erforderlich, dass Sie sich engagieren und die Zusammenarbeit mit Ihrem Verwalter fördern. Der Verwalter ist die Zentralgestalt des Geschehens, da er für Sie als Eigentümer tätig wird. Er wird von Ihnen als Eigentümer bezahlt. Seine Aufgabe ist es, die Wohnanlage, die zum Teil Ihnen gehört, bestmöglich zu verwalten. Deshalb ist der Verwalter eben durch seine Tätigkeit bestens über die Vorgänge in der Wohnanlage informiert.

Eine weitere Möglichkeit, eine professionelle Verwaltung der Wohnanlage zu sichern, besteht vor allem bei größeren Wohnanlagen darin, dass ein Verwaltungsbeirat gewählt wird. Hierbei stellt sich für Sie vor allem die Frage, wer in den Verwaltungsbeirat gewählt werden soll und wer die nötige Kompetenz dazu besitzt.

Was ist ein Verwaltungsbeirat?

Der Verwaltungsbeirat kann als das dritte Organ (allerdings nicht Organ im Sinne des BGB) angesehen werden, das an der Verwaltung des gemeinschaftlichen Eigentums mitwirkt.

Hauptorgane der Wohnungseigentümergemeinschaft sind an erster Stelle die Eigentümerversammlung und an zweiter der Verwalter. Vom Wohnungseigentumsgesetz, kurz WEG, ist allerdings der Verwaltungsbeirat nicht zwingend vorgeschrieben. Es gibt drei Möglichkeiten, wie ein Verwaltungsbeirat bestellt werden kann:

- Die Teilungserklärung oder die Gemeinschaftsordnung regelt, dass ein Verwaltungsbeirat bestellt werden soll.
- Die Teilungserklärung oder die Gemeinschaftsordnung schließen die Bestellung eines Verwaltungsbeirats grundsätzlich aus.
- Die Teilungserklärung und die Gemeinschaftsordnung enthalten keine Regelungen über den Verwaltungsbeirat.

Im letzteren, wohl häufigsten Fall steht es Ihnen als Wohnungseigentümer frei, ob Sie einen Verwaltungsbeirat wählen wollen. Für den Fall, dass sich die Eigentümerversammlung dazu entschließt, einen Verwaltungsbeirat zu wählen, genügt die einfache Mehrheit der Eigentümerversammlung.

Pflichten des Verwaltungsbeirats

Gemäß dem Wohnungseigentumsgesetz hat der Verwaltungsbeirat folgende Pflichten bzw. Aufgaben zu erfüllen:

Der Verwaltungsbeirat unterstützt den Verwalter

„Der Verwaltungsbeirat unterstützt den Verwalter bei der Durchführung seiner Aufgaben" besagt § 29 Abs. 2 WEG. Zu diesen Aufgaben gehört vor allem die Vorbereitung der Eigentümerversammlung sowie die Kontrolle der Einhaltung der Hausordnung und die Überwachung des Verwalters.

Der Verwaltungsbeirat kontrolliert die Kosten

Eine Hauptaufgabe des Verwaltungsbeirats ist es, zur Vorbereitung der Eigentümerversammlung und für die restlichen Eigentümer den Wirtschaftsplan, die Verwalterabrechnung, Rechnungslegungen und Kostenvorschläge zu prüfen. Der Verwaltungsbeirat teilt Ihnen und den restlichen Wohnungseigentümern das Ergebnis der Prüfung in der Regel in der Eigentümerversammlung mit. Wenn dieses Prüfungsergebnis bereits bei der Einberufung zur Eigentümerversammlung schriftlich vorliegt, können Sie als Eigentümer vom Verwalter verlangen, dass er diese Stellungnahme des Verwaltungsbeirats dem Einladungsschreiben anfügt. Es müssen aber auch darüber eindeutige Regelungen getroffen werden, in welchem Umfang eine solche Prüfung bzw. eine Prüfung von Kostenvoranschlägen sinnvoll ist. Ein unnötiger und aufgeblähter Verwaltungsaufwand hat für die Eigentümer nachteilige Folgen, denn es treten dadurch Zeitverzögerungen ein, die eine sinnvolle und zügige Verwaltung gefährden können.

Wenn die Stellungnahme des Verwaltungsbeirats nicht bereits vor der Einberufung der Eigentümerversammlung schriftlich vorliegt, kann diese Stellungnahme auch mündlich erfolgen. Der einzige Zeitpunkt hierfür ist die Eigentümerversammlung.

Die Einberufung der Eigentümerversammlung

Der Vorsitzende des Verwaltungsbeirats sowie seine Stellvertreter haben das Recht zur Einberufung der Eigentümerversammlung.

Dieses Recht kann aber nur in engen gesetzlichen Grenzen ausgeübt werden. Dies ist dann der Fall, wenn z. B. ein Verwalter fehlt oder sich der Verwalter pflichtwidrig weigert, die Eigentümerversammlung einzuberufen. Vorteil dieser Regelung ist es, dass in solchen Fällen nicht erst das Gericht bemüht werden muss, einen Notverwalter zu bestellen. Dadurch wird die Handlungsfähigkeit der Eigentümergemeinschaft sichergestellt.

Die Einberufung der Eigentümerversammlung muss der Verwaltungsbeirat nicht gemeinsam vornehmen, dieses Recht steht dem Vorsitzenden und seinem Stellvertreter je für seine Person alleine zu. So kann z. B. der Stellvertreter im Vorsitz in eigener Verantwortung die Versammlung selbst dann einberufen, wenn ihm bekannt ist, dass der Vorsitzende des Verwaltungsbeirats keinen Handlungsbedarf sieht und die Eigentümerversammlung nicht einberufen wollte.

Falls ein Verwalter fehlt, gebietet schon der Grundsatz der ordnungsgemäßen Verwaltung, dass der Verwaltungsbeirat die Eigentümerversammlung einberufen kann, weil ein neuer Verwalter zu bestellen ist.

Im Falle der pflichtwidrigen Weigerung des Verwalters, die Eigentümerversammlung einzuberufen, muss die Beschlussfassung über einen bestimmten Gegenstand unaufschiebbar sein. Nur unter diesen Bedingungen liegt eine Pflichtwidrigkeit des Verwalters vor. In der Praxis weigert sich der Verwalter meist dann, wenn sein Verwalteramt bzw. seine ordnungsgemäße Wahrnehmung der Verwaltung Gegenstand der Eigentümerversammlung sein soll.

Wichtige Gerichtsentscheidungen

Das OLG Hamm hat in einem Beschluss vom 04. 07. 1980 entschieden, dass eine Verweigerung der Einberufung durch den Verwalter nur dann vorliegt, wenn dieser ausdrücklich zur Einberufung aufgefordert worden ist und dieser Aufforderung willentlich nicht nachkommt. Dies ist dann gegeben, wenn ein wirksames Minderheitsverlangen gemäß § 24 Abs. 2 WEG gestellt worden ist und der Verwalter es nicht für nötig erachtet, alsbald die Eigentümerversammlung einzuberufen. In diesem Fall verweigert der Verwalter eindeutig die Einberufung der Eigentümerversammlung, welche er durch das wirksam gestellte Minderheitsverlangen schuldet. Für diese Fälle hat das BayObLG in einem Beschluss vom 29. 11. 1990 dem Verwalter einen doch beachtlichen Ermessensspielraum zugebilligt. Denn der Vorsitzende des Verwaltungsbeirats ist nicht schon deshalb zur Einberufung der Versammlung berechtigt, weil der Verwalter die Eigentümerversammlung erst für Januar des kommenden Jahres einberufen will und die Wohnungseigentümer die Versammlung schon im Dezember des laufenden Jahres durchführen wollen.

Die Einberufung durch den Verwaltungsbeirat kann aber unwirksam sein, wenn keine der beiden gesetzlichen Rechtmäßigkeitsvoraussetzungen erfüllt ist. Eine solche unwirksame Einberufungserklärung hat zur Folge, dass die zur Versammlung zusammengetretenen Wohnungseigentümer nicht befugt sind, den verbindlichen Gemeinschaftswillen zu bilden. Es fehlt ihnen also die Entscheidungszuständigkeit. Die gefassten Beschlüsse kommen daher rechtswidrig zustande. Sie sind aber deshalb nicht unwirksam, sie können jedoch wirksam angefochten werden.

Das Recht zur selbstständigen Ankündigung von Beschlussgegenständen

Wenn dem Vorsitzenden des Verwaltungsbeirats und seinen Stellvertretern schon ein Einberufungsrecht zusteht, ist es nur recht und billig, wenn sie auch bei einer bereits einberufenen Versammlung das Recht haben, selbstständig Beschlussgegenstände anzukündigen. Dieses Recht unterliegt aber den gleichen Beschränkungen wie das Recht, eine Eigentümerversammlung einzuberufen. Der Verwaltungsbeirat kann also solche Beschlussgegenstände auf die Tagesordnung setzen, die vom Verwalter pflichtwidrig abgelehnt wurden. Dies kann dann der Fall sein, wenn der Verwalter ein wirksam gestelltes Minderheitsverlangen nicht erfüllt hat, welches die Ergänzung der Tagesordnung zu bestimmten Beschlussthemen zum Gegenstand hatte. Das Recht auf eine selbstständige Ankündigung ist auch dann gegeben, wenn eine Beschlussfassung gemäß dem Grundsatz der ordnungsgemäßen Verwaltung geboten ist und der Verwalter die Aufnahme eines entsprechenden Entschlussgegenstands in die Tagesordnung einer einberufenen

Versammlung pflichtwidrig verweigert hat. In beiden Fällen ist die Mitwirkung des Verwalters zur Ergänzung der Tagesordnung nicht notwendig. Es genügt, dass der Verwaltungsbeirat zu der von dem Verwalter angekündigten Tagesordnung den zusätzlich gewollten Entscheidungsgegenstand den Wohnungseigentümern mitteilt.

Das Versammlungsprotokoll

Für die Unterzeichnung des Protokolls über die Eigentümerversammlung ist der Vorsitzende des Verwaltungsbeirats bzw. sein Stellvertreter zuständig.

Die durch das Wohnungseigentumsgesetz vorgesehenen Pflichten des Verwaltungsbeirats stellen aber in der Praxis nur einen Teil der Tätigkeiten der Verwaltungsbeiräte dar. Grund für die straffe gesetzliche Regelung ist, dass die Wohnungseigentümer einen möglichst breiten Entscheidungsspielraum haben sollen. Häufig ist es der Fall, dass die Kassenprüfung bzw. die Prüfung des Rechnungswesens des Verwalters einem Wohnungseigentümer übertragen wird, damit mit dieser Aufgabe nicht der gesamte Verwaltungsbeirat belastet wird. Wichtig ist in diesem Zusammenhang, dass darauf geachtet wird, dass nur solche Wohnungseigentümer für Sonderaufgaben ausgewählt werden, die auch die nötige Kompetenz und Bildung für solche Aufgaben haben. Nur dann können sie die ihnen übertragenen Aufgaben ordnungsgemäß und sinnvoll erfüllen.

Zusätzliche Aufgaben des Verwaltungsbeirats

Weitere nicht gesetzlich geregelte Aufgaben des Verwaltungsbeirats können die Abnahme von vorgenommenen Bauarbeiten, die Auftragserteilung für Modernisierungsarbeiten oder Abschluss und Kündigung des Verwaltervertrags sein. In besonders großen Wohnanlagen kann es sinnvoll sein, dass der Verwaltungsbeirat seinerseits zusätzliche Gremien bildet. So kann beispielsweise ein „Bauausschuss" gebildet werden, um die Vorbereitungen für eine umfangreiche Instandsetzung durchzuführen.

Was der Beirat nicht tun darf

Das Hauptorgan der Verwaltung ist und bleibt die Eigentümerversammlung. Daher darf der Verwaltungsbeirat bei Aufgaben, die in die Kernzuständigkeit der Eigentümerversammlung fallen, nicht tätig werden. Hierzu gehören im Speziellen folgende Aufgaben:

- Bestellung des Verwalters
- Genehmigung der Jahresabrechnung des Verwalters
- Entlastung des Verwalters

Dabei ist noch zu beachten, dass der Verwaltungsbeirat mit seiner „den Verwalter unterstützenden" Tätigkeit immer nur im Innenverhältnis der Wohnungseigentümergemeinschaft tätig werden darf. Auf keinen Fall ist der Verwaltungsbeirat berechtigt, die Eigentümergemeinschaft gegenüber Dritten oder gegenüber dem Verwalter nach außen hin bzw. gerichtlich zu vertreten. Wenn dem Verwaltungsbeirat ein solches Recht eingeräumt werden soll, muss dies in der Teilungserklärung oder in der Gemeinschaftsordnung geregelt sein. Die Eigentümerversammlung ist also gehalten, einen entsprechenden Beschluss einstimmig gefasst zu haben.

Der Beirat macht den Verwalter nicht überflüssig

Der Verwalter und der Verwaltungsbeirat arbeiten grundsätzlich zum Wohl der Eigentümergemeinschaft. Dies macht es notwendig, dass sie in einer partnerschaftlichen Weise zusammenarbeiten. Es ist weder im Gesetz vorgesehen noch sinnvoll, dass der Verwaltungsbeirat als Ersatz für den Verwalter betrachtet wird. Das wichtigste Organ für die Eigentümergemeinschaft ist die Eigentümerversammlung. Hier werden alle Beschlüsse gefasst. Diesen Beschlüssen kann weder der Verwaltungsbeirat noch der Verwalter vorgreifen.

Wenn es um die Bestellung eines neuen Verwalters geht, nimmt der Verwaltungsbeirat in der Regel eine Vorauswahl vor. Der Verwaltungsbeirat legt dann der Eigentümerversammlung entsprechende Vorschläge vor. Hierbei müssen Sie aber immer beachten und bedenken, dass die Bestellung des Verwalters nur der Eigentümerversammlung obliegt. Nur sie kann den Verwalter durch Mehrheitsbeschluss bestellen. Insofern ist sie an Vorschläge des Verwaltungsbeirats nicht gebunden. Es ist aber zu beachten, dass der Abschluss des Verwaltungsvertrags zwischen der Eigentümergemeinschaft und dem Verwalter auf den Verwaltungsbeirat übertragen werden kann. Dies ist aber nur mit einem entsprechenden Mehrheitsbeschluss der Eigentümerversammlung möglich.

Wann ist ein Verwaltungsbeirat sinnvoll?

Die Institution eines Verwaltungsbeirats ist in vielen Wohnanlagen gänzlich unbekannt – vor allem in kleineren und kleinsten Wohnungseigentumsanlagen. Denn in ihnen ist es den Eigentümern leicht möglich, den Überblick über die wichtigen Dinge zu behalten. Dies sind vor allem die Tätigkeiten des Verwalters, die finanziellen Verhältnisse der Gemeinschaft, die Probleme der Instandhaltung und Instandsetzung des Gemeinschaftseigentums.

Für größere Anlagen ist es aber empfehlenswert, einen Verwaltungsbeirat zu bestellen. Hierbei sollten sich die Eigentümer davor hüten, dem Verwaltungsbeirat Pflichten und Rechte einzuräumen, die ihm nach dem Wohnungseigentümergesetz nicht zufallen.

Der Verwaltungsbeirat ist lediglich eine Institution, die von den Eigentümern dazu delegiert ist, den Wirtschaftsplan und die Jahresabrechnung zu überprüfen. Nicht jeder Eigentümer hat die Zeit und das Wissen, das umfangreiche Zahlenwerk gründlich zu studieren und zu überprüfen. Somit ist es sinnvoll, dass ein kleiner Teil aus den Reihen der Eigentümer diese Aufgabe für den Rest der Eigentümer wahrnimmt.

Die Bestellung des Verwaltungsbeirats

Für die Bestellung des Verwaltungsbeirats gilt Folgendes: Der Verwaltungsbeirat besteht aus einem Wohnungseigentümer als Vorsitzendem und zwei weiteren Wohnungseigentümern als Beisitzern. Die Beiratsmitglieder sollten kompetente und beruflich qualifizierte Personen sein. Somit ist es ratsam, im Beirat einen Architekten, einen Juristen oder Betriebswirt zu haben. Ein Verwaltungsbeirat sollte:

B beredt, begeisterungsfähig, besonnen und beherrscht

E eifrig, ehrlich, eigeninitiativ und einfühlsam

I interessiert, intuitiv, individuell und ideell

R redegewandt, realistisch, redlich und rational

A aufmerksam, aufgeschlossen, agil und arbeitsam

T tüchtig, tatkräftig, tolerant, taktvoll und tauglich sein

Durch Mehrheitsbeschluss der Eigentümerversammlung bzw. durch Teilungserklärung oder Gemeinschaftsordnung können selbstverständlich auch andere Regelungen getroffen werden. Es ist daher bei großen Eigentumsanlagen durchaus möglich, vier, acht oder mehr Personen als Mitglieder des Verwaltungsbeirats zu bestellen. Dies ist insbesondere dann ratsam, wenn es sich um sehr große Eigentümergemeinschaften oder um eine Anlage mit mehreren Häusern handelt. In diesem Fall empfiehlt es sich, dass die Eigentümer eines jeden Gebäudes ein Beiratsmitglied stellen. So kann sichergestellt werden, dass der Verwaltungsbeirat die Interessen aller Wohnungseigentümer wahrnimmt und nicht nur die Interessen einzelner Wohnhäuser vertritt.

Praxis-Tipp:

Achten Sie darauf, dass die Mitglieder des Verwaltungsbeirats selbst in der Wohnanlage wohnen. Nur dann kann sichergestellt sein, dass der Verwaltungsbeirat die Probleme der Wohnungsanlage kennt und diese auch realistisch einschätzen kann. Auf diese Weise ist der Verwaltungsbeirat in der Lage, zum Wohle der Eigentümer zu handeln.

Kann ein Nichteigentümer in den Beirat gewählt werden?

Diese Frage ist selbst unter den Gerichten umstritten. So vertritt das BayObLG (NJW-RR 92, 210; NZM 98, 969) die Auffassung, dass ein Nichteigentümer nur dann durch Mehrheitsbeschluss zum Verwaltungsbeirat gewählt werden kann, wenn die Gemeinschaftsordnung dies vorsieht. Im BayObLG DWE 1993, 23 wurde entschieden, dass ein einstimmiger Beschluss erforderlich ist, um einen Nichteigentümer in den Verwaltungsbeirat zu wählen, wenn die Gemeinschaftsordnung dazu schweigt. Ein Mehrheitsbeschluss reicht dann nicht aus.

Als Ergebnis kann angesehen werden, dass es zur sinnvollen Arbeit des Verwaltungsbeirats notwendig ist, dort durch einstimmig gewählte Mitglieder vertreten zu sein. Es sollten also keine Beiräte gewählt werden, die möglicherweise angefochten werden oder deren Wahl bereits in der Eigentümerversammlung umstritten ist. Der Verwalter kann aber unter keinen Umständen als Beirat bestimmt werden.

Wie lange ein Verwaltungsbeirat sein Amt ausüben soll bzw. die Dauer der Bestellung zum Beirat ist im Gesetz nicht geregelt. Der Beirat ist grundsätzlich so lange im Amt, bis eine Neuwahl erfolgt. Jedes einzelne Mitglied des Verwaltungsbeirats hat das Recht, sein Amt niederzulegen. Hierbei ist es an keine Zeiten oder Fristen gebunden.

Achtung: Zu beachten ist, dass die Eigentümerversammlung den Verwaltungsbeirat bestellt oder abwählt. Insofern ist es eine absolut zwingende Voraussetzung, dass die Wahl oder Abwahl eines Verwaltungsbeirats als Tagesordnungspunkt in die Einladung zur Eigentümerversammlung aufgenommen wird, da ansonsten nicht wirksam über diesen Tagesordnungspunkt entschieden werden kann.

Wie Sie Auskunft vom Verwaltungsbeirat verlangen können

Im Gegensatz zum Verwalter ist der Verwaltungsbeirat nicht verpflichtet, Ihnen als Eigentümer außerhalb der Eigentümerversammlung Auskunft zu erteilen. Der Verwaltungsbeirat ist grundsätzlich nur der Eigentümerversammlung, d. h. den Eigentümern als Gesamtheit, zur Auskunft über seine Tätigkeit verpflichtet.

Einen Auskunftsanspruch können Sie als einzelner Eigentümer nur dann selbstständig einklagen, wenn Sie von den restlichen Wohnungseigentümern zu dieser Klage ermächtigt worden sind. Für diese Ermächtigung bedarf es aber wiederum einer Eigentümerversammlung. Somit ist ein persönlicher Auskunftsanspruch ausgeschlossen. Eine Ausnahme hierzu könnte nur dann bestehen, wenn der Gegenstand Ihres Auskunftsbegehrens in der Eigentümerversammlung erörtert worden ist.

Die Verwaltungsbeiräte haben aber zu beachten, dass die im Rahmen ihrer Tätigkeit anfallenden Schriftstücke, wie Protokolle und Korrespondenzen, Eigentum der Wohnungseigentümergemeinschaft sind. Diese Gegenstände müssen also bei Beendigung der Beiratstätigkeit an die Gemeinschaft, d. h. an den Verwalter, herausgegeben werden.

Die Vergütung des Verwaltungsbeirats

Ob Verwaltungsbeiräte für ihre Tätigkeit entlohnt werden müssen, ist im Gesetz nicht geregelt. Früher war die Beiratstätigkeit grundsätzlich ehrenamtlich, denn für den einzelnen Wohnungseigentümer war es eine Auszeichnung und Ehre, zum Verwaltungsbeirat gewählt zu werden. In den meisten Fällen hat sich bis heute nichts an dieser Einstellung geändert. Deshalb sind in den zahllosen Wohnungseigentümergemeinschaften die Mitglieder des Verwaltungsbeirats unentgeltlich tätig.

Heutzutage ist aber mancherorts die Verwaltung des Wohnungseigentums komplizierter und vielschichtiger, als es vor 20 oder 30 Jahren der Fall war. Für einen Verwalter ist es heute fast unerlässlich, eine gewisse Fachkompetenz auf wirtschaftlichem, baulichem oder juristischem Gebiet zu besitzen. Dadurch haben sich für den Verwaltungsbeirat nicht nur die Aufgaben vergrößert, sondern auch in ihrer Qualität verändert.

Erstattung aller Unkosten

Welch qualitativ hochwertige Arbeit der Verwaltungsbeirat leistet, um den Interessen der Gemeinschaft gerecht zu werden, muss allgemein anerkannt werden. Insofern ist es nur recht und billig, wenn die Mitglieder des Verwaltungsbeirats einen Ersatz der anfallenden Kosten erhalten: Telefongebühren, Kopierkosten, Porto, Papier, Fahrten oder Reisen, die sie im Auftrag der Eigentümergemeinschaft unternehmen, wobei die Verwaltungsbeiräte die aufgewendeten Geldbeträge natürlich durch Belege nachzuweisen haben und mit dem Verwalter abrechnen müssen.

Einräumung eines Budgets

Es ist auch möglich, dem Verwaltungsbeirat grundsätzlich durch die Eigentümerversammlung ein Budget einzuräumen. Dieses muss selbstverständlich mit dem Verwalter abgerechnet werden. Je nach Sachlage kann es sinnvoll sein, wenn der Verwaltungsbeirat mit entsprechender Fachliteratur ausgestattet wird und seine Mitglieder an gewissen Seminaren teilnehmen. Diese Kosten sind selbstverständlich wieder Verwaltungskosten.

Vergütung des Arbeits- und Zeitaufwands

Über diesen Kostenersatz hinaus kann den Verwaltungsbeiratsmitgliedern auch der Arbeits- und Zeitaufwand vergütet werden. Hierbei kommt es wiederum auf die konkreten Umstände des Einzelfalls an, die jede Eigentümergemeinschaft unterschiedlich handhaben kann. Es müssen stets deutliche Mehrheitsbeschlüsse von der Eigentümerversammlung gefasst werden, wie und in welcher Höhe die Beiratsmitglieder vergütet werden sollen. Ein solcher Beschluss kann von der Eigentümerversammlung bereits bei der Bestellung des Verwaltungsbeirats gefasst werden oder erst später, wenn sich die Notwendigkeit für solche Vergütungen ergibt.

Die Haftung des Verwaltungsbeirats

Bis jetzt sind Regressansprüche gegen Beiratsmitglieder in deutschen Gerichtssälen noch kein Thema. Aber mit dem immer größer werdenden Verwaltungsaufwand, den komplizierteren und komplexeren Sachverhalten und den wachsenden Aufgaben der Verwaltungsbeiräte werden in Zukunft zwangsläufig unaufhörlich mehr Fehlerquellen auftreten, die ursächlich für eine Haftung sein können. Hierbei gilt grundsätzlich, dass der Verwaltungsbeirat für die pflichtgemäße Erfüllung seiner Aufgaben nach den Grundsätzen des Auftragsrechts haftet. Jedes einzelne Mitglied kann neben den anderen als Gesamtschuldner haften (OLG Düsseldorf MDR 1998, 35). Jedes einzelne Mitglied des Verwaltungsbeirats muss also für jedes andere Mitglied des Beirats einstehen und haftet bei schuldhaften Pflichtverletzungen auf Schadenersatz (OLG Düsseldorf a. a. O.).

Der Haftungsumfang der Verwaltungsbeiratsmitglieder kann sich danach bemessen, ob die Verwaltungsbeiräte für ihre Tätigkeit entlohnt werden oder nicht. Bei ehrenamtlicher Tätigkeit müssen die Verwaltungsbeiräte bei ihrer Arbeit die Sorgfalt eines ordentlichen und gewissenhaften Sachverwalters aufwenden. Bei einer vergüteten Beiratstätigkeit bemisst sich ihre Sorgfaltspflicht nach der Sorgfalt eines Kaufmanns. Von den Verwaltungsbeiräten, die unentgeltlich tätig werden, können Sie nur die Sorgfalt verlangen, die man von einem ehrenamtlichen Mitglied erwarten kann. So können Sie beispielsweise für die Sorgfalt eines Buchprüfers auch dann nicht mehr erwarten, wenn das Beiratsmitglied eine entsprechende Fachausbildung hat. Erfolgt die Tätigkeit der Beiräte dagegen entgeltlich, so steigen auch die Anforderungen an sie. So hat der Beirat dann die Sorgfalt eines ordentlichen und gewissenhaften Kaufmanns anzuwenden (diese Auffassung vertritt zumindest das OLG Zweibrücken in WE 1987, 137; Sauer in ZMR 1984, 326).

Haftungsbeschränkung

Für den Fall, dass Ihnen als Eigentümer die Ehre zuteil wird, Beiratsmitglied zu werden, sollten Sie Ihre Haftung auf Vorsatz und grobe Fahrlässigkeit beschränken. Grobe Fahrlässigkeit liegt dann vor, wenn die im Verkehr erforderliche Sorgfalt in besonders schwerem Maße verletzt wird. Dies bemisst sich immer daran, wie ein objektiver Verwaltungsbeirat in einer ähnlichen Situation gehandelt hätte. Grundsätzlich kann die Haftung durch eine Regelung in der Gemeinschaftsordnung begrenzt werden. Ein Beschluss kann anfechtbar sein (Wenzl in ZWE 2001, 226).

Praxis-Tipp:

Bestehen Sie in der Eigentümerversammlung darauf, dass ein entsprechender Beschluss zur Haftungsbegrenzung gefasst wird. Hierfür reicht die einfache Mehrheit der Eigentümerversammlung aus. Falls ein solcher Beschluss nicht zustande kommt, sollten Sie von einer Beiratstätigkeit Abstand nehmen.

Ferner sollten Sie darauf achten, dass dem Verwaltungsbeirat auf Verlangen Entlastung erteilt werden kann, wenn die Voraussetzungen dafür vorliegen. Ein spezieller Anspruch auf Entlastung besteht für den Beirat nicht. Auch in diesem Fall sollten Sie auf einen deutlichen Mehrheitsbeschluss der Eigentümerversammlung drängen. Nur dann können Sie ohne großes Risiko Ihre Verwalterbeiratstätigkeit ausüben und sind vor überzogenen Regressansprüchen sicher.

Im Übrigen kann zur Abdeckung von Vermögensschäden eine Haftpflichtversicherung abgeschlossen werden (KG, NZM 2004, 743).

Die Jahresabrechnung richtig prüfen

2

Auf welche Details müssen Sie achten?

Das Herzstück der Eigentümerversammlung ist die Jahresabrechnung. Um entsprechende Anträge stellen bzw. nachfragen zu können ist es unerlässlich, dass Sie die Jahresabrechnung lesen können und wissen, auf welche Details Sie dabei achten müssen. Innerhalb der Eigentümerversammlung führt die Jahresabrechnung immer wieder zu Meinungsverschiedenheiten zwischen den Wohnungseigentümern und dem Verwalter. Dadurch sind in unzähligen Fällen die Gerichte genötigt, darüber zu entscheiden, ob die Jahresabrechnung korrekt erstellt wurde. Aber auch die Wohnungseigentümer untereinander sind sich mit der Bewertung der Jahresabrechnung nicht immer einig. Hierbei steckt die Schwierigkeit häufig im Detail, z. B.:

- Welche Einnahmen und Ausgaben müssen in der Jahresabrechnung berücksichtigt werden?
- Wie wirkt sich ein Verwalter- oder Eigentümerwechsel auf die Jahresabrechnung aus?
- Wie verschaffen Sie sich Einblick in die Abrechnungsunterlagen?

Praxis-Tipp:

Haben Sie Ihre Eigentumswohnung vermietet, ist für Sie die Jahresabrechnung des Verwalters doppelt wichtig. Denn Sie brauchen diese Abrechnung als Grundlage für Ihre eigene Betriebskostenabrechnung mit dem Mieter. Darüber hinaus benötigen Sie die Jahresabrechnung des Verwalters auch bei Ihrer Steuererklärung für die Ermittlung der Einkünfte aus Vermietung und Verpachtung.

Einmal im Jahr muss der Verwalter abrechnen und darlegen, welche Einnahmen und Ausgaben in der Wohnanlage angefallen sind. Dies ist eine der Hauptaufgaben des Verwalters. Regelmäßig ist hierbei der Abrechnungszeitraum das Kalenderjahr. Es sei denn, in der Teilungserklärung ist eine abweichende Abrechnungsperiode vereinbart worden. Möglicherweise besteht die Vereinbarung, dass der Abrechnungszeitraum vom 01.07. eines Jahres bis zum 30.06. des Folgejahres reicht. Wenn jedoch eine solche Regelung nicht in der Teilungserklärung getroffen wurde, gilt das Gesetz und damit das Kalenderjahr als Abrechnungszeitraum. Die Jahresabrechnung hat der Verwalter nach dem Ablauf des Wirtschaftsjahres zu erstellen, ohne dass er hierzu besonders aufgefordert wird.

Das Gesetz schreibt zwar keine Frist vor, innerhalb welcher der Verwalter die Abrechnung vorlegen muss. Aber die Jahresabrechnung sollte in der Regel zwei bis drei Monate nach dem Ablauf des Wirtschaftsjahres vorliegen, im Höchstfall nicht mehr als sechs Monate (vgl. BayObLG WE 1991, 223).

Es ist Grundsatz einer ordnungsgemäßen Verwaltung, wenn der Verwalter innerhalb von sechs Monaten die Jahresabrechnung erstellt und die Eigentümerversammlung bis spätestens zum Ablauf von neun Monaten durchführt. Die wiederholte, verspätete Aufstellung der Jahresabrechnung kann ein wichtiger Grund für die Abberufung des Verwalters sein (BayObLG NZM 2000, 343).

Praxis-Tipp:

Treffen Sie im Verwaltervertrag eine klare Regelung darüber, wann die Jahresabrechnung erstellt werden muss. Damit können Sie Meinungsverschiedenheiten zu diesem Thema unterbinden. Der Verwalter kann durch den Verwaltungsvertrag beispielsweise dazu verpflichtet werden, spätestens zwei Monate nach Ablauf des Wirtschaftsjahres die Abrechnung vorzulegen. Für eine größere Wohnanlage könnte man aber auch vorsehen, dass der Verwalter die Jahresabrechnung vier Monate nach Ablauf des Wirtschaftsjahres vorzulegen hat.

Die Formvorschriften einer Jahresabrechnung

Die tatsächlichen Einnahmen und Ausgaben müssen in der Jahresabrechnung gegenübergestellt werden. Hierfür ist dem Verwalter keine besondere Form vorgeschrieben. Es gelten jedoch die gleichen Grundsätze wie für die Heiz- und Betriebskostenabrechnung, zu der Sie als Vermieter Ihrem Mieter gegenüber verpflichtet sind. Somit hat für die Jahresabrechnung Folgendes zu gelten:

- Die Jahresabrechnung muss eine geordnete, übersichtliche, inhaltlich zutreffende Aufstellung der Einnahmen und Ausgaben des jeweiligen Kalender- bzw. Wirtschaftsjahres enthalten.
- Die Jahresabrechnung muss für jedermann ohne Hinzuziehung eines Buchhalters oder sonstiger Fachkundiger inhaltlich rechnerisch nachvollziehbar sein.
- Nur die tatsächlich zugeflossenen Einnahmen und die tatsächlich abgeflossenen Ausgaben dürfen in der Jahresabrechnung berücksichtigt werden. Sollbeträge, z. B. nicht eingetriebene Forderungen, bleiben grundsätzlich unberücksichtigt. Beträge, die zu Unrecht getätigt wurden, sind jedoch zu berücksichtigen (BGH NJW 1997, 2106).
- Die Jahresabrechnung besteht aus der Gesamtabrechnung und der individuellen Einzelabrechnung. Die Guthaben bzw. Nachzahlungsverpflichtungen müssen sich aus der Jahresabrechnung ergeben.

Achtung: Die Eigentümerversammlung hat über die Gesamt- und Einzelabrechnung zu beschließen. Wird über die Einzelabrechnung kein Beschluss gefasst, werden etwaige Nachzahlungen nicht fällig (BayObLG WE 1989, 178).

§

Wichtige Gerichtsentscheidungen

Das BayObLG (NJW-RR 1992, 1431; BayObLGZ 1999, 176) erweitert diese Liste um die folgenden Positionen:

- Ausgaben, die das Sondereigentum einzelner oder aller Wohnungseigentümer betreffen
- Kosten für Gerichtsverfahren in Wohnungseigentumssachen

Dies begründet das BayObLG damit, dass der Verwalter Geld für Angelegenheiten ausgegeben hat, die nicht die Verwaltung des gemeinschaftlichen Eigentums betreffen, deren Beträge aber in der Jahresabrechnung auch erscheinen müssen, damit das Rechenwerk stimmig ist. Außerdem wird dem Eigentümer dadurch die Möglichkeit gegeben, im Rahmen des Beschlusses über die Entlastung des Verwalters zu entscheiden, ob er diese Ausgaben billigen oder vom Verwalter zurückverlangen will. Eine solche Entscheidung wäre unter Umständen unmöglich, wenn derartige Ausgaben in der Jahresabrechnung nicht aufgeführt wären.

Achtung: Die beiden letztgenannten Positionen, die vom BayObLG gefordert sind, müssen in der Jahresabrechnung erscheinen, werden jedoch nicht notwendigerweise von der Wohnungseigentümergemeinschaft insgesamt getragen. Vielmehr werden solche Kosten in den Einzelabrechnungen auf den Wohnungseigentümer umgelegt, für dessen Sondereigentum sie aufgewandt wurden.

Checkliste: Die Pflichtangaben in einer Jahresabrechnung

Mindestangaben

Zusammenstellung der Gesamtkosten

Angaben und Erläuterung der zugrunde gelegten Verteilerschlüssel

Berechnung des Anteils des jeweiligen Wohnungseigentümers

Abzug der Vorauszahlungen des jeweiligen Eigentümers

Rücklagen

Höhe der gebildeten Rücklagen, insbesondere für Instandhaltung

Zinseinkünfte aus dem Kapitalvermögen der Eigentümergemeinschaft

Einnahmen

sonstige Einnahmen, wie z. B. Einnahmen aus Waschautomaten oder Mieteinnahmen aus vermieteten Gemeinschaftsräumen oder Versicherungsleistungen aus Schadensfällen

Höhe der Hausgeldrückstände, die von säumigen Eigentümern zu fordern sind

Verbindlichkeiten

Verbindlichkeiten der Eigentümergemeinschaft gegenüber Dritten

Praxis-Tipp:

Wenn Sie die Eigentumswohnung vermieten, ist es für Sie als Vermieter sinnvoll, in der Jahresabrechnung zusätzlich zwischen umlage- und nicht umlagefähigen Kosten zu unterscheiden. Dies ist zwar nicht zwingend erforderlich, aber es erleichtert Ihnen die Abrechnung mit Ihrem Mieter.

Von Vorteil ist es, wenn die Jahresabrechnung darüber hinaus einen Soll-/Istvergleich zwischen den im Wirtschaftsplan eingestellten Beträgen und den tatsächlichen Einnahmen und Ausgaben enthält. Dies ist eine Serviceleistung, die Ihnen der Verwalter anbieten kann, und auf die Sie in der Regel nicht verzichten brauchen. Ein solcher Vergleich ermöglicht es Ihnen, die Kostenentwicklung leichter in den Griff zu bekommen.

Welche Betriebskosten sind umlagefähig?

Auf Ihren Mieter können Sie nur die Betriebskosten abwälzen, die in der Betriebskostenverordnung aufgeführt sind.

Im Überblick: Umlagefähige Betriebskosten

- Laufende öffentliche Lasten des Grundstücks, z. B. die Grundsteuer
- Kosten der Wasserversorgung
- Kosten der Entwässerung
- Kosten der Heizung bzw. der Fernwärme, einschließlich der Abgasanlage, sowie die Reinigung und Wartung von Etagenheizungen
- Kosten der zentralen Warmwasserversorgung, Fernwarmwasserversorgung sowie Reinigung und Wartung von Warmwassergeräten
- Kosten verbundener Heizungs- und Warmwasserversorgungsanlagen

noch: Im Überblick: Umlagefähige Betriebskosten

- Kosten des Betriebs des maschinellen Personen- oder Lastenaufzugs
- Kosten der Straßenreinigung und Müllabfuhr
- Kosten der Hausreinigung und Ungezieferbekämpfung
- Kosten der Gartenpflege, wie z. B. der Pflege von Spielplätzen, einschließlich der Erneuerung von Sand
- Kosten der Außenbeleuchtung sowie der Beleuchtung von gemeinsam benutzten Gebäudeteilen
- Kosten der Schornsteinreinigung
- Kosten der Sach- und Haftpflichtversicherung
- Kosten für den Hausmeister (Sie umfassen Vergütung, Sozialbeiträge und alle geldwerten Leistungen, welche die Eigentümer dem Hausmeister gewähren, aber keine Instandhaltungs-, Instandsetzungs- oder Erneuerungsarbeiten und auch keine Schönheitsreparaturen oder die Hausverwaltungsarbeiten.)
- Kosten für den Betrieb der Gemeinschaftsantennenanlage oder den Betrieb der mit einem Breitbandkabelnetz verbundenen privaten Verteilanlage
- Kosten des Betriebs der maschinellen Wascheinrichtung
- Sonstige Betriebskosten (Betriebskosten von Nebengebäuden, Anlagen und Einrichtungen, z. B. einer Gemeinschaftssauna oder eines Gemeinschaftsschwimmbads)

Diese Ausgaben sind nicht umlagefähig

- Instandhaltungs- und Instandsetzungskosten
- Kapitalkosten, soweit es sich um gemeinschaftliches Eigentum handelt
- Verwaltungskosten bei der Vermietung von Wohnraum

Achtung: Wenn Sie eine Eigentumswohnung vermieten, können Sie die Verwaltungskosten auch dann nicht auf Ihren Mieter umlegen, wenn Sie die Verwaltungskosten unter „sonstige Betriebskosten" aufführen. Wenn im Mietvertrag jedoch Verwaltungskosten ausgewiesen sind, so handelt es sich nicht um echte Betriebskosten, sondern um einen Fixbetrag, der im Allgemeinen als Teil der Netto-Kaltmiete gewertet wird.

Praxis-Tipp:

Wenn Sie Gewerberäume innerhalb einer Eigentumswohnanlage vermieten, können Sie die anteiligen Verwaltungsgebühren auf Ihren Mieter umlegen. Wichtige Voraussetzung hierfür ist aber eine klare und eindeutige Regelung im Mietvertrag.

Vom richtigen Zeitpunkt der Zahlung: Die Abrechnungsperiode

Der Verwalter muss in der Jahresabrechnung alle Kosten berücksichtigen, die während der Abrechnungsperiode entstanden sind. Hierzu gehören auch solche Ausgaben, die einen Zeitraum außerhalb der Abrechnungsperiode mit umfassen.

Beispiel:

Eine Versicherungsprämie wird jährlich zum 01.06. fällig. Die vom Verwalter im Juni 2007 geleisteten Prämien werden in voller Höhe in die Abrechnung für dieses Jahr eingestellt. Die Tatsache, dass das Versicherungsjahr jedoch in das Jahr 2008 hineinreicht, führt nicht dazu, dass die Prämie zeitanteilig gesplittet wird.

Ähnliches gilt auch für die Heizkosten. Wenn z. B. im September 2007 die Öltanks im Keller der Wohnanlage neu betankt wurden und die Rechnung vom Verwalter im Oktober 2007 bezahlt wurde, dann gehört der Rechnungsbetrag in voller Höhe in die Abrechnung für das Jahr 2007. Dass mit dem Heizöl auch im Jahr 2008 geheizt wird, spielt hierbei keine Rolle.

Die Heizkostenverordnung, die für die Wohnungseigentümer untereinander gilt, muss beachtet werden. Die Heizkostenverordnung gilt auch für Sie, egal ob eine andere Regelung besteht (OLG Hamm, NZM 2004, 657). Somit kommt man nicht umhin, auch in Wohnanlagen Heiz- und Warmwasserkosten verbrauchsabhängig abzurechnen. Hierfür ist es notwendig, das zum Stichtag verbrauchte Heizöl sowie die Kosten hierfür auf der Grundlage der Lieferrechnung zu ermitteln. Die Kosten des vorhandenen Öls werden als Rückstellungen ausgewiesen und die Kosten des verbrauchten Öls als Ausgaben erfasst.

Die Einnahmen

Den Ausgaben gegenüberzustellen sind die Einnahmen. Hierzu gehören insbesondere:

- Hausgeldzahlungen der Eigentümer
- Beiträge zur Instandhaltungsrückstellung
- Entnahmen aus der Instandhaltungsrückstellung
- vorhandenes Bargeld
- Wertpapierbestände
- Bankguthaben
- Zinserträge
- Einnahmen aus der Vermietung gemeinschaftlichen Eigentums

Wie sich Ihr Kostenanteil berechnet

Damit Ihre Jahresabrechnung korrekt ist, muss in der Abrechnung der ihr zugrunde gelegte Verteilungsschlüssel dargestellt sein. Es reicht nicht aus, jeweils nur einen bestimmten Prozentsatz oder Bruchteil anzugeben. Der Verwalter muss vielmehr offenlegen, wie er die jeweilige Quote ermittelt hat. Die exakte Darstellung des Verteilungsschlüssels ist zwingend erforderlich, da einzelne Kostenarten nach unterschiedlichen Maßstäben zu verteilen sind. Beispielsweise weichen die Verteilungsschlüssel für die allgemeinen Betriebskosten von denen für die Heiz- und Warmwasserkosten ab, da für diese nach der Heizkostenverordnung besondere Regeln gelten. Wenn die allgemeinen Betriebskosten, mit Ausnahme der Heiz- und Warmwasserkosten, nach dem Anteil der Wohnquadratmeter umgelegt werden, so muss nicht nur die auf die jeweilige Eigentumswohnung entfallende Fläche angegeben sein, sondern auch die gesamte Fläche der Wohnanlage mitgeteilt werden. Entsprechendes gilt für die Kostenaufteilung nach den Miteigentumsanteilen. Wenn der Verwalter die Berechnung nach Kopfzahl ausführt, muss er die Gesamtzahl der Bewohner angeben, die er der Abrechnung zugrunde gelegt hat.

Praxis-Tipp:

Sie sollten die Jahresabrechnung daraufhin überprüfen, ob sie die richtigen Verteilungsschlüssel nennt. Hierzu sehen Sie am besten in Ihren Unterlagen nach, welcher Verteilungsschlüssel für Sie relevant ist. Diesen finden Sie in der Teilungserklärung oder in den Protokollen der vergangenen Eigentümerversammlungen.

Die von Ihnen zu leistende Nachzahlung oder der von der Hausverwaltung zu erstattende Betrag errechnet sich aus den von Ihnen geleisteten Vorauszahlungen und den auf Sie entfallenden anteiligen Lasten und Kosten.

Wichtig: Sie sollten in der Eigentümerversammlung unbedingt darauf drängen, dass die Versammlung eine Regelung darüber trifft, ob zu viel gezahlte Vorschüsse ausgezahlt oder aber mit künftigen Hausgeldvorauszahlungen verrechnet werden sollen.

Wann sind Nachzahlungen fällig?

Wenn die Jahresabrechnung in der Eigentümerversammlung durch Beschluss genehmigt wird, so ist die Jahresabrechnung damit insgesamt verbindlich. Insofern werden auch die Einzelabrechnungen, d. h. auch Ihre eigene, soweit sie zur Beschlussfassung vorlag, verbindlich. Mit dem Tag der Beschlussfassung über die Jahresabrechnung in der Eigentümerversammlung werden die sich aus der Einzelabrechnung ergebenden Nachzahlungen oder Guthabenbeträge für Sie fällig. Bis zu diesem Zeitpunkt sind Sie jedoch nur zu den Hausgeldvorauszahlungen gemäß dem Wirtschaftsplan verpflichtet. Die jeweiligen Abrechnungsbeträge sind jedoch bis zum Zeitpunkt der Beschlussfassung noch nicht fällig.

Wenn der Verwalter Ihnen in der Eigentümerversammlung nur die Gesamtabrechnung zur Beschlussfassung vorlegt und die Einzelabrechnungen erst später aufgrund der genehmigten Gesamtabrechnung erstellt, können Sie nachträglich gegen die Richtigkeit der Einzelabrechnungen Einwände erheben. Eine vom Verwalter noch zu erstellende Einzelabrechnung kann nicht unanfechtbar unter dem Vorbehalt der Richtigkeit genehmigt werden. Denn als Eigentümer können Sie ja eine Abrechnung nicht billigen, die Sie noch gar nicht kennen bzw. die noch nicht vorliegt.

Achtung bei Schulden des Vorbesitzers

Die Eigentümerversammlung beschließt über die Jahresabrechnung und die Einzelabrechnung. Hierbei werden nur die Wohnungseigentümer zur Nachzahlung verpflichtet, die zum Zeitpunkt der Beschlussfassung im Grundbuch eingetragen sind. Die Gerichte stellen ganz formal auf die Eigentümerstellung zum Zeitpunkt der Beschlussfassung ab. Dieser Umstand kann für Sie schwer wiegende finanzielle Folgen haben. Je nachdem, ob Sie als Käufer oder Verkäufer schon oder noch nicht im Grundbuch eingetragen sind.

Wie Sie Ihre eigenen Interessen wahren

In den oben genannten Fällen kann man dem Gedanken verfallen, den Verkäufer in Regress zu nehmen. Im Fall 1 haben Sie kaum Aussicht auf Erfolg, denn bei der Sonderumlage handelt es sich um eine Zahlungsverpflichtung, die erst entstanden ist, nachdem Sie im Wohnungsgrundbuch eingetragen waren. In den Fällen 2 und 3 können Sie sich jedoch die geleisteten Zahlungen vom Verkäufer erstatten lassen. Voraussetzung dafür ist die Absicherung Ihrer finanziellen Interessen bereits bei Abschluss des notariellen Kaufvertrags. Dies kann durch eine Klausel im Kaufvertrag über die Eigentumswohnung geschehen. Der Verkäufer verpflichtet sich, Sie als den neuen Eigentümer von Hausgeldzahlungen und Nachzahlungsverpflichtungen so lange freizuhalten, bis Sie als Eigentümer im Wohnungsgrundbuch eingetragen sind.

Achtung: Wenn Sie überbezahltes Wohngeld rückfordern, steht dies nach der Rechtsprechung zur Teilrechtsfähigkeit dem Verband der Wohnungseigentümer zu, wenn die Wohngeldzahlungen auf bestandskräftig genehmigten Jahresabrechnungen beruhen (BGH NZM 2005, 543; OLG München NZM 2006, 704).

Praxis-Tipp:

- Sie sollten vor dem Kauf einer gebrauchten Eigentumswohnung klären, ob Zahlungsverpflichtungen des Verkäufers bzw. anderer Miteigentümer aus den Abrechnungen vergangener Jahre oder sonstige Hausgeldrückstände bestehen.
- Ferner sollten Sie sich beim Verwalter danach erkundigen, ob die Beschlussfassung über die Abrechnungen zurückliegender Jahre noch aussteht.
- Zu guter Letzt sollten Sie darauf bestehen, dass der Verkäufer vertraglich verpflichtet wird, etwaige Hausgeldrückstände und Forderungen aus bereits vorliegenden Abrechnungen für vergangene Jahre zu begleichen.

Üben Sie Ihr Kontrollrecht aus!

Nicht nur der Verwaltungsbeirat, sondern auch der „normale" Eigentümer hat ein Recht, sämtliche Abrechnungsunterlagen des Verwalters einzusehen. Gründe des Datenschutzes stehen dem nicht entgegen. Der Verwalter muss Ihnen jedoch nicht die Originalbelege zur Verfügung stellen. Die Kopien der Unterlagen braucht er Ihnen nur dann zuzuschicken, wenn Sie ihm die dadurch entstehenden Kosten erstatten. Ihr Recht auf Einsichtnahme betrifft nicht nur die Unterlagen, welche der Jahresabrechnung zugrunde liegen, sondern Sie haben auch die Berechtigung, andere Verwaltungsunterlagen einzusehen. Dazu gehören beispielsweise die Wirtschaftspläne, Zahlungsbelege anderer Wohnungseigentümer, Wartungsverträge oder der Verwaltervertrag.

Wichtig: Die Eigentümerversammlung entscheidet über die Jahresabrechnung mit einfacher Stimmenmehrheit, wenn in der Teilungserklärung nichts anderes vereinbart wurde. Eine Genehmigung der

Jahresabrechnung unter der Bedingung, dass der Verwaltungsbeirat diese billigt, ist anfechtbar, aber nicht nichtig.

Zulässig ist jedoch eine Regelung in der Teilungserklärung, dass die Abrechnung als anerkannt gilt, wenn ihr nicht innerhalb von vier Wochen nach Absendung schriftlich widersprochen wird. Damit kommt mit Ablauf dieser Frist ein Beschluss zustande, der die Zustimmung der Eigentümer unwiderleglich vermutet. Die Regelung, dass ein Widerspruch nur zu beachten ist, wenn ihn mehr als die Hälfte der Wohnungseigentümer einlegen, ist unwirksam. Wenn die Eigentümergemeinschaft in der Versammlung die Jahresabrechnung genehmigt, entlastet sie in der Regel damit zugleich den Verwalter für die in der Abrechnung dargestellten Verwaltungsabläufe, soweit keine gesonderte Abstimmung über die Entlastung des Verwalters stattfindet. Auf diese Entlastung hat der Verwalter einen Rechtsanspruch gegenüber den Eigentümern. Dieser ist darauf gerichtet, dass zum Zweck der Fortführung der Verwaltung über die vorgelegten Abrechnungen abgestimmt wird.

Wenn der Verwalter wechselt, ist der abberufene Verwalter dazu verpflichtet, bis zum Zeitpunkt seines Ausscheidens abzurechnen. Scheidet der abberufene Verwalter während eines Wirtschaftsjahres aus, so ist er nicht dazu verpflichtet, eine Jahresabrechnung zu erstellen. Ausnahme hiervon ist jedoch der Fall, dass die Jahresabrechnung des Verwalters zum Zeitpunkt der Beendigung des Verwaltervertrags bereits fällig war.

Checkliste: Abrechnungsprüfung

- Wurden ausschließlich Kosten aus dem Abrechnungszeitraum berücksichtigt?
- Wurden alle Einnahmen der Eigentümergemeinschaft erfasst?
- Wurden bei den verbrauchsabhängigen Kosten, z. B. Warmwasser und Heizöl, der Anfangs- und Endbestand angegeben?

noch: Checkliste: Abrechnungsprüfung

- Wurden fiktive Kosten angesetzt?
- Liegen die tatsächlich entstandenen Kosten über dem Durchschnitt?
- Wurden Kosten doppelt verbucht?
- Wurden die nicht umlagefähigen Betriebskosten gesondert ausgewiesen?
- Liegt der korrekte Verteilungsschlüssel vor?
- Wurden Ihre persönlichen Hausgeldzahlungen korrekt verbucht?
- Wurden die Kosten bei einem Eigentümerwechsel richtig aufgeteilt?
- Ist die Einzelabrechnung sachlich und rechnerisch richtig?
- Haben Sie die Abrechnungsunterlagen eingesehen?
- Bestehen bei einzelnen Eigentümern Hausgeldrückstände, und wie hoch sind diese?
- Bestehen bei der Eigentümergemeinschaft Verbindlichkeiten gegenüber Dritten?

Die Eigentümerversammlung: Rechtsgrundlagen, Einberufung, Kosten

3

Die Gemeinschaftsaufgabe der Eigentümer

Als Wohnungseigentümer sind Sie zusammen mit den anderen Eigentümern Miteigentümer des Grundstücks und seiner Aufbauten. Damit sind Sie Träger eines gemeinschaftlichen Rechts. Das bedeutet, dass das Gemeinschaftseigentum ein Gemeinschaftsverhältnis bedingt, das Ihre Rechtsbeziehungen untereinander regelt. Die Wohnungseigentümer sind daher gezwungen, ihre gemeinschaftlichen Angelegenheiten zusammen zu regeln. Zur Erfüllung dieser Gemeinschaftsaufgaben ist jeder Wohnungseigentümer berechtigt und verpflichtet, bei der Willensbildung zu den gemeinschaftlichen Angelegenheiten mitzuwirken. Dies ist gegeben, da

- das Gemeinschaftseigentum zu verwalten ist und deshalb Entscheidungen zu treffen sind, die der Wirtschaftsführung und der Erhaltung der in Gemeinschaftseigentum stehenden Gebäudeteile dienen;
- zum Sondereigentum und zum Gemeinschaftseigentum der ordnungsgemäße Gebrauch zu bestimmen ist, soweit für diese Regelung ein entsprechendes Bedürfnis besteht.

Für die Erledigung von Gemeinschaftsaufgaben muss ein Gemeinschaftswille gebildet werden. Sie müssen als Eigentümergemeinschaft entscheiden, ob und gegebenenfalls mit welchem Inhalt eine Maßnahme oder eine Regelung getroffen bzw. nicht getroffen werden soll. Wird eine neue positive Entscheidung getroffen, so begründet diese ein neues rechtliches Verhältnis, welches die Rechtspflichten der Gemeinschaft untereinander ergänzen, konkretisieren oder abändern kann.

Grundsatz der Selbstverwaltung

Zur Willensbildung sieht das WEG die Entscheidungsform der Eigentümerversammlung vor. Hiernach sind die gemeinschaftsrechtlichen Angelegenheiten grundsätzlich über eine Beschlussfassung in der Entscheidungszuständigkeit der Wohnungseigentümerversammlung zu regeln. Insofern haben die Eigentümer ihre Entscheidungen in gemeinschaftlichen Angelegenheiten selbst zu treffen. Es gilt der Grundsatz der Selbstverwaltung. Dieser Grundsatz wird aber nicht dadurch in Frage gestellt, dass für einen Teil der Gemeinschaftsaufgaben und -angelegenheiten eine konkurrierende Zuständigkeit des Verwalters gesetzlich bestimmt ist. Denn der Verwalter ist auch für Angelegenheiten, die ihm durch das Gesetz unabdingbar zur selbstständigen Erledigung übertragen sind, im Einzelfall der Weisung der Wohnungseigentümer in ihrer Gesamtheit unterworfen. Diesen Gemeinschaftswillen demonstriert die Gesamtheit der Wohnungseigentümer in der Eigentümerversammlung.

Als zweite Möglichkeit der gemeinschaftlichen Willensbildung und Entscheidung ist vorgesehen, dass auch ohne Versammlung ein Beschluss gültig ist, wenn alle Wohnungseigentümer ihre Zustimmung zu diesem Beschluss schriftlich erklären. Somit sind alle Wohnungseigentümer an der Willensbildung zu beteiligen. Jeder einzelne Eigentümer muss also an der Entscheidung beteiligt werden. Widerspricht jedoch ein Eigentümer, so hindert dies schon das Zustandekommen des Beschlusses und somit die Feststellung eines verbindlichen Gemeinschaftswillens.

Das hier zugrunde liegende Entscheidungsprinzip wird in der Rechtsprechung allgemein als das Einstimmigkeitsprinzip bezeichnet. Im Gegensatz hierzu entscheidet die Eigentümerversammlung mit der einfachen Mehrheit der abgegebenen Stimmen.

Die Entscheidungszuständigkeit

Die Entscheidungszuständigkeit der Eigentümerversammlung wird durch das Gesetz auf die gemeinschaftlichen Angelegenheiten der Verwaltung und des ordnungsgemäßen Gebrauchs beschränkt. Zu anderen Entscheidungen ist die Eigentümerversammlung nicht befugt. Es sei denn, die Gemeinschaftsordnung erweitert die Zuständigkeit der Eigentümerversammlung.

§

Wichtige Gerichtsentscheidung

Der BGH hat eine entsprechende Entscheidung am 27.06.1985 getroffen (BGHZ 95, 137; NJW 85, 2832; MDR 86, 138; WM 85, 354; ZMR 86, 19; DWE 85, 120). Der BGH vertritt die Ansicht, dass der Wortlaut des § 23 Abs. 1 WEG eine Interpretation dahingehend zulässt, dass es den Wohnungseigentümern freisteht, durch Vereinbarung zusätzliche Angelegenheiten von dem Einstimmigkeitsprinzip auszunehmen und diese der Entscheidungszuständigkeit der Eigentümerversammlung und ihrem Mehrheitsprinzip zu unterwerfen. Hierbei dürfen jedoch einzelne Wohnungseigentümer nicht unbedingt benachteiligt werden. Diese Entscheidung des BGH lässt somit im Ergebnis neben der gesetzlichen eine rechtsgeschäftliche, begründete Entscheidungszuständigkeit zu.

In Betracht kommen kann

- eine abändernde Regelung der rechtlichen Verhältnisse zum Gemeinschaftsverhältnis, die nach § 10 Abs. 2 und Abs. 3 WEG der Vereinbarung unterliegen.
- für die Entscheidungen zur baulichen Veränderung des Gemeinschaftseigentums, die nicht in die Entscheidungszuständigkeit der Eigentümerversammlung fallen.
- für die Erteilung von Zustimmungen, wenn nach der Gemeinschaftsordnung Veräußerungs- oder Nutzungsbeschränkungen gelten und im Einzelfall die von den begünstigten Wohnungseigentümern eventuell geschuldete Zustimmung über eine Mehrheitsentscheidung der Eigentümerversammlung erteilt werden darf. Zur Erteilung von notwendigen Zustimmungen ist die Entscheidungszuständigkeit der Eigentümerversammlung nicht schon deshalb gegeben, weil eine Regelung der Teilungserklärung eine Veräußerungs- oder Nutzungsbeschränkung bestimmt. Die Gemeinschaftsordnung muss vielmehr eine Zuständigkeitsermächtigung zur Erteilung der Zustimmung ausdrücklich bestimmen. Insofern tritt erst über diese Regelung eine Entscheidungszuständigkeit der Eigentümerversammlung an die Stelle der Einzel-

zuständigkeit derjenigen Wohnungseigentümer, die im Ernstfall zur Erteilung der Zustimmung einerseits berechtigt und andererseits verpflichtet sind.

Wenn die Eigentümerversammlung nicht entscheidungszuständig ist

Die Entscheidungszuständigkeit der Eigentümerversammlung ist dann überschritten, wenn sie einen Beschluss zu einem Entscheidungsgegenstand fasst, der weder gesetzlich noch durch eine rechtsgeschäftlich begründete Entscheidungszuständigkeit legitimiert ist. Mit einer solchen Beschlussfassung wird die Entscheidungszuständigkeit derjenigen Eigentümer verletzt, denen eine Entscheidungsbefugnis zusteht. Das sind diejenigen Wohnungseigentümer, die durch die Veränderungsmaßnahmen beeinträchtigt werden.

Praxis-Tipp:

Eine Eigentümerversammlung, die einen Beschluss ohne Entscheidungszuständigkeit fasst, handelt rechtswidrig. Sie fasst einen Gemeinschaftswillen über einen Entscheidungsgegenstand, obwohl die Versammlung hierzu nicht legitimiert ist. Somit verstößt die Entschlussfassung gegen den Rechtsgrundsatz, dass die Versammlung nur für die gemeinschaftlichen Angelegenheiten sowie für die Entscheidungsgegenstände entscheidungsbefugt ist, die ihr aufgrund einer Regelung der Gemeinschaftsordnung wirksam zugeordnet sind.

Hierbei stellt sich nun die Frage, ob ein so zustande gekommener Entschluss absolut unwirksam oder wirksam, aber anfechtbar ist.

Wichtige Gerichtsentscheidung

Diese Problematik hat der BGH in einem Beschluss vom 21.05.1970 (BGHZ 54, 65; NJW 70, 1316) entschieden. Eine Eigentümerversammlung, die ohne Entscheidungszuständigkeit beschließt, verstößt nur gegen eine Rechtsvorschrift. Es kommt somit dennoch ein wirksamer Beschluss zustande. Für Sie als Eigentümer bedeutet das, dass Sie einen solchen Beschluss innerhalb der gesetzlichen Ausschlussfrist, also innerhalb eines Monats nach Beschlussfassung, anfechten können. Ähnlich entschied der BGH in einem Beschluss vom 11.07.1991 (BGHZ 115, 151; NJW 91, 2637), dass ein solcher Beschluss zwar nicht nichtig ist, jedoch als ein nicht rechtmäßiger Beschluss angefochten werden muss.

Es gibt jedoch auch absolut unwirksame Beschlussfassungen. Diese sind aber nur in Ausnahmefällen gegeben. Beispiele hierfür sind:

- Die Beschlussfassung verstößt gegen ein durch das WEG ausdrücklich bestimmtes Verbot (z. B. Beschlussfassung der Eigentümergemeinschaft darüber, dem Verwalter die gesetzlichen Aufgaben und Rechte zu entziehen).
- Die Beschlussfassung betrifft die Abänderung einer Regelung, die zwar nach der gesetzlichen Gemeinschaftsordnung nicht ausdrücklich verboten ist, jedoch deshalb nicht hingenommen werden kann, weil diese gesetzliche Regelung für die Gemeinschaft von grundlegender Bedeutung ist.
- Die Beschlussfassung verstößt gegen ein unabdingbares Verbot, welches ein Gesetz außerhalb des WEG bestimmt.
- Die Beschlussfassung verstößt gegen die guten Sitten (§ 138 BGB). Das BayObLG hat hierzu in einem Beschluss vom 10.10.1995 (BayObLGZ 85, 345) einen Beschluss einer Eigentümerversammlung für sittenwidrig und daher unwirksam erklärt, welcher verlangte, dass rückständiges Wohngeld mit Verzugszinsen in Höhe von 36 % belastet wird.
- Die Beschlussfassung betrifft überhaupt nicht das Gemeinschaftsverhältnis.

- Die Beschlussfassung hat eine Änderung des Gemeinschaftseigentums bzw. des Sondereigentums zum Gegenstand. Dazu entschied das BayObLG mit Beschluss vom 17. 07. 1996 (ZMR 86, 448), dass eine Beschlussfassung unwirksam ist, die bestehendes Gemeinschaftseigentum in Sondereigentum umwandelt und die Miteigentumsquote der mitberechtigten Wohnungseigentümer ändern soll.

Die Einberufung: Voraussetzungen, Fristen, Formvorschriften

Die Wohnungseigentümerversammlung ist das Hauptorgan und somit das Herzstück der Verwaltung. Sie rangiert grundsätzlich vor dem Verwalter und vor dem Verwaltungsbeirat. Die Verwaltung durch die Eigentümerversammlung umfasst alle Maßnahmen, die im Interesse einer ordnungsgemäßen Verwaltung des Wohnungseigentums notwendig sind. Insofern sind die Wohnungseigentümer autonom und können grundsätzlich jederzeit den Gegenstand der Beschlussfassung neu bestimmen. Dies gilt auch für eine bereits geregelte Angelegenheit (BGHZ 113, 197; NJW 91, 979).

Einzelmaßnahmen sind möglich

Auch der einzelne Wohnungseigentümer kann ohne Zustimmung der anderen Wohnungseigentümer Maßnahmen treffen, die zur Verhinderung eines unmittelbar drohenden Schadens für das gemeinschaftliche Eigentum notwendig sind. Diese Maßnahmen sind vom Standpunkt eines verständigen Eigentümers zu beurteilen. Die Maßnahme muss sich im Rahmen einer ordnungsgemäßen Verwaltung befinden und darf keine baulichen Veränderungen, d. h. keine auf Dauer angelegte Umgestaltung des Gemeinschaftseigentums in seiner bestehenden Form, darstellen. Insofern wäre der einzelne Wohnungseigentümer auch zur Prozessführung befugt. Diese notwendigen Maßnahmen durch den einzelnen Wohnungseigentümer sind aber nur dann gerechtfertigt, wenn ein unmittelbarer Schaden für das Gemeinschaftseigentum droht. Ein Schaden ist jede unfreiwillige Einbuße, welche die Wohnungseigentümergemeinschaft in Folge eines bestimmten Ereignisses an ihrem Gemeinschaftseigentum erleidet.

Der Schaden droht unmittelbar, wenn er sich in der nächsten Zeit ereignet bzw. der Schaden kurz vor seiner Verwirklichung steht. Diese Zeitspanne muss so kurz sein, dass es nicht mehr möglich ist, den Verwalter oder den Verwaltungsbeirat zu informieren. Notwendig ist die Maßnahme dann, wenn sie zur Erhaltung oder ordnungsgemäßen Bewirtschaftung des Gemeinschaftseigentums objektiv erforderlich ist. Der Verwalter bzw. der Verwaltungsbeirat oder die Eigentümerversammlung hätte also in der gleichen Situation die gleiche Maßnahme treffen müssen und hat sich somit diese Maßnahme erspart.

Achtung: Wer vorschnell eine Maßnahme trifft, die über das ihm gegebene Recht hinausgeht, handelt als „Geschäftsführer ohne Auftrag" und muss sich den Rechtsfolgen des BGB unterwerfen. Diese besagen, dass ein Geschäftsführer ohne Auftrag dem Geschädigten, in unserem Fall der Eigentümergemeinschaft, Schadenersatz leisten muss.

Ein Eigentümer, der zulässigerweise handelt, kann demgegenüber seine Aufwendungen als Kosten der Instandhaltung verlangen. Er kann mit ihnen sogar andere gegen ihn selbst bestehende Forderungen der Wohnungseigentümergemeinschaft, wie z. B. Hausgeld, aufrechnen (WEM 80, 129).

Von dieser Ausnahme abgesehen, unterliegt die ordnungsgemäße Verwaltung dem Interesse der Gesamtheit der Wohnungseigentümer. Dieses Interesse wird auf der Wohnungseigentümerversammlung gebildet und durchgesetzt.

Aufgaben einer ordnungsgemäßen Verwaltung

- Aufstellung einer Hausordnung
- ordnungsgemäße Instandhaltung und Instandsetzung des gemeinschaftlichen Eigentums
- Feuerversicherung des gemeinschaftlichen Eigentums zum Neuwert sowie die angemessene Versicherung der Wohnungseigentümer gegen Haus- und Grundbesitzerhaftpflicht
- Ansammlung einer angemessenen Instandhaltungsrückstellung
- Aufstellung eines Wirtschaftsplans
- Duldung aller Maßnahmen, die zur Herstellung einer Fernsprechteilnehmereinrichtung, einer Rundfunkempfangsanlage oder eines Energieversorgungsanschlusses zugunsten eines Wohnungseigentümers erforderlich sind

Diesbezüglich bildet die Eigentümerversammlung ihren Willen. Dieser Wille wird dann als Beschluss festgestellt. Wichtig für Sie als Eigentümer ist es nun, wie diese Beschlüsse formuliert werden, damit Sie zu einem positiven Abstimmungsergebnis gelangen. Schon die Formulierung des Beschlusses ist entscheidend für das Ergebnis.

Allgemeine Voraussetzung der Einberufungen

Die §§ 23 bis 25 WEG enthalten die allgemeinen Voraussetzungen für die Wohnungseigentümerversammlung, wobei auch hier der Grundsatz der Vertragsfreiheit besteht, so dass die Wohnungseigentümer durch einstimmigen Beschluss abweichende Vereinbarungen treffen können.

Da die Wohnungseigentümer in der Eigentümerversammlung über Gemeinschaftsaufgaben entscheiden, muss berücksichtigt werden, dass schon die Einberufung zur Eigentümerversammlung eine Gemeinschaftsaufgabe ist. Demnach ist ganz allgemein eine Eigentümerversammlung geboten, wenn sich eine Entschlussfassung zu einem Entscheidungsgegenstand zu einer gemeinschaftsrechtlichen Angelegenheit als notwendig erweist. Somit sind im Prinzip die Wohnungseigentümer zur Erfüllung dieser speziellen Gemeinschaftsaufgabe berechtigt, über ein gemeinsames Handeln die Eigentümerversammlung zustande zu bringen. Ein Handeln einer wie auch immer gearteten Mehrheit genügt nicht. Die Wohnungseigentümer sind aber andererseits auch berechtigt, Handlungen vorzunehmen, die zum Zustandekommen einer Eigentümerversammlung erforderlich sind. Diese Grundkonzeption wird allerdings dadurch überdeckt, dass diese Gemeinschaftsaufgabe zur Einberufung der Versammlung dem Verwalter übertragen ist. Aber die Wohnungseigentümer können sich, wenn sie in ihrer Gesamtheit, aus welchen Gründen auch immer, zusammengekommen sind, dahingehend einigen, dass auf der Stelle eine Eigentümerversammlung zustande kommen soll.

Beschlussthemen

Ihre Entscheidungszuständigkeit erlaubt ihnen weiterhin, einverständlich die Beschlussthemen zu bestimmen und im Übrigen auf die Einhaltung aller Vorschriften zu verzichten, die zur Vorbereitung einer rechtmäßigen Eigentümerversammlung gesetzlich gelten. Einer solchen Eigentümerversammlung kann auch nicht entgegengehalten werden, dass der Verwalter nicht zugegen war und somit die Beschlüsse nicht unter seinem Vorsitz gefasst wurden. Die Eigentümerversammlung ist ohnehin befugt, selbst in Gegenwart des Verwalters einen anderen Versammlungsvorsitzenden zu bestimmen. Insofern könnte eine so spontan zusammengetretene Vollversammlung Beschlüsse fassen, die verfahrensrechtlich rechtmäßig zustande gekommen sind.

Mindestens einmal pro Jahr eine Versammlung

Von dieser Ausnahmesituation einmal abgesehen, ist in der Regel der Verwalter verpflichtet, soweit nichts anderes vereinbart ist, mindestens einmal im Jahr eine ordentliche Eigentümerversammlung einzuberufen. Er muss die Eigentümerversammlung auch dann einberufen, wenn die Wohnungseigentümer hierüber für bestimmte Fälle eine Vereinbarung getroffen haben, und er ist auch dann verpflichtet, wenn mehr als ein Viertel der Wohnungseigentümer (nach Köpfen und nicht nach Miteigentumsanteilen gerechnet) unter Angabe des Zwecks und der Gründe eine Einberufung der Eigentümerversammlung schriftlich vom Verwalter fordern. Dieses so genannte Quorum, das Recht der Minderheit, das die Einberufung einer Eigentümerversammlung verlangen kann, kann nicht durch die Gemeinschaftsordnung oder einen Beschluss ausgeschlossen werden. Eine Beschränkung würde schon darin liegen, dass eine Berechnung nach Miteigentumsanteilen erfolgt.

Anders ist eine Regelung, dass weniger als ein Viertel der Wohnungseigentümer die Einberufung der Eigentümerversammlung verlangen kann, möglich, da das Quorum die Minderheit schützen will und ein strengerer Schutz dieser Minderheit dem nicht entgegenläuft. Hierbei muss der Zweck und der Grund für eine solche Wohnungseigentümerversammlung angegeben werden. Dieses Erfordernis ist bereits erfüllt, wenn ein bestimmter Tagesordnungspunkt in das Schreiben für die Eigentümerversammlung aufgenommen wird. Wenn eine solche Einberufung erfolgt, ohne dass das Einberufungsverlangen Angaben zum Zweck und zu den Gründen enthält, so berührt dies die Gültigkeit von gefassten Beschlüssen nicht.

Einberufung durch Verwalter möglich

Grundsätzlich steht dem Verwalter gemäß § 24 Abs. 1 WEG das Recht zu, die Eigentümerversammlung einzuberufen. Dieses Recht leitet sich, ohne Rücksicht auf das Bestehen des Verwaltervertrags, aus der organschaftlichen Stellung des Verwalters ab. Der Verwalter kann auch dann eine Eigentümerversammlung einberufen, wenn er diese aus sachlichen Gründen für erforderlich und zweckmäßig hält. Im Gegenzug zum Einberufungsrecht hat der Verwalter aber auch das Recht, eine bereits geladene Versammlung abzusagen und auf einen anderen Termin zu verlegen. Dieses Recht steht ihm aber nicht zu, wenn die Verlegung der Versammlung rechtsmissbräuchlich ist und einer Weigerung, eine Versammlung abzuhalten, gleichkommt. Ein grober Pflichtverstoß ist es, wenn der Verwalter nach Zugang eines ordnungsgemäßen Einberufungsverlangens mit weiteren Tagesordnungspunkten die Versammlung absagt und keine neue Versammlung einberuft.

Praxis-Tipp:

Wenn sich der Verwalter pflichtwidrig weigert, eine Versammlung einzuberufen, oder ein Verwalter überhaupt fehlt, so kann die Versammlung, wenn ein Verwaltungsbeirat vorhanden ist, von dessen Vorsitzendem oder dessen Stellvertreter einberufen werden.

Für die Einberufung der Eigentümerversammlung hat der Verwalter hinsichtlich des Zeitpunkts der Versammlung einen angemessenen Spielraum. Er darf den Versammlungstermin aber nicht ungebührlich verzögern. Wenn kein Verwaltungsbeirat vorhanden ist, kann auch ein einzelner Wohnungseigentümer die Versammlung einberufen. Dies kann er aber nur dann unter Auslassung des Quorums, wenn er aufgrund eines Antrags vom Gericht hierzu ermächtigt worden ist. Diese Ermächtigung kann der Wohnungseigentümer durch einstweilige Anordnung erlangen. Der Verwaltungsbeiratsvorsitzende kann einen solchen Antrag aber nicht stellen, da ihm hierfür das „Rechtsschutzbedürfnis" fehlt. Der Verwaltungsbeiratsvorsitzende kann nämlich den Erfolg, eine Eigentümerversammlung einzuberufen, aufgrund seines eigenen Einberufungsrechts erreichen.

Die Frist der Einberufung

Die Frist der Einberufung soll mindestens zwei Wochen betragen. Eine Ausnahme ist nur im Fall von besonderer Dringlichkeit gegeben. Diese Wochenfrist beginnt mit dem Zugang der Ladung beim jeweiligen Wohnungseigentümer zu laufen.

Zugegangen ist das Ladungsschreiben dann, wenn es in den „Bereich des Empfängers" gelangt ist, so dass dieser unter normalen Verhältnissen die Möglichkeit hat, vom Inhalt der Ladung Kenntnis zu nehmen, das heißt, wenn sich die Ladung in Ihrem Briefkasten befindet und damit zu rechnen ist, dass Sie demnächst den Briefkasten leeren werden. So geht die Ladung, die nachts in Ihren Briefkasten eingeworfen wird, erst am nächsten Morgen zu, wenn mit der Leerung des Briefkastens gerechnet werden kann. Somit geht z. B. der zur Unzeit eingeworfene Brief erst dann zu, wenn mit seiner Kenntnisnahme zu rechnen ist: bei einem am Samstag Abend eingeworfenen Brief muss damit gerechnet werden, dass er erst am Montagmorgen zur Kenntnis genommen wird. Das heißt, er geht erst am Montag zu. Diese Möglichkeit der Kenntnisnahme bemisst sich aber an den gewöhnlichen Verhältnissen.

Achtung: Wenn Sie als Empfänger wegen Krankheit oder Urlaub nicht in der Lage sind, von dem Inhalt der Ladung Kenntnis zu nehmen, so steht dies dem Zugang nicht entgegen.

Praxis-Tipp:

Diese Ladungsfrist ist eine reine Sollvorschrift. Bei einer Verletzung dieser Frist erfolgt keine Ungültigkeitserklärung (OLG Hamm, DWE 1987, 54). Wenn Sie in weniger als einer Woche zu einer Eigentümerversammlung geladen werden, so können trotzdem gültige Beschlüsse gefasst werden. Hiervon bleibt jedoch eine persönliche Schadenersatzverpflichtung des Verwalters unberührt (BayObLG, NZM 1999, 858).

Die Form der Einberufung

Die Einberufung der Eigentümerversammlung bedarf gemäß § 24 Abs. 4 WEG der Textform. D. h. die Einberufung kann auch per E-Mail erfolgen (LG Kleve, NJW-RR 2003, 196). Eine Verletzung dieser Formvorschrift führt aber ebenfalls nicht zur Ungültigkeit. Anders hingegen ist die zwingende Gültigkeitsvoraussetzung, dass die Tagesordnung der Einberufung beiliegt.

Ort und Zeitpunkt der Versammlung

Der Verwalter, der die Eigentümerversammlung einberuft, hat im Ladungsschreiben den Zeitpunkt der Zusammenkunft nach Wochentag und Tageszeit sowie den Versammlungsort zu bestimmen. Hierbei muss er berücksichtigen, dass er den Wohnungseigentümern in wirtschaftlicher und persönlicher Hinsicht keine Opfer zumuten darf, die vermeidbar sind. Zudem muss berücksichtigt werden, dass den Wohnungseigentümern keine Schwierigkeiten aufgebürdet werden, welche die Entscheidung, an der Versammlung nicht teilzunehmen, beeinflussen könnten. Diese Rechtspflicht beruht auf dem Grundsatz der ordnungsgemäßen Verwaltung. Die örtliche und zeitliche Bestimmung der Versammlung lässt sich in der Regel nur an der Situation der Wohnungseigentümer bemessen, die in der Mehrzahl in der Eigentumswohnanlage wohnen. Somit müssen die Eigentümer, welche die Eigentumswohnung nicht selbst bewohnen, Nachteile hinnehmen, wenn sie ihren Wohnsitz nicht in der Nähe der Wohnanlage haben.

Wichtig: Sie müssen, falls Sie die Eigentumswohnung vermietet haben, besondere Kosten und einen erhöhten Zeitaufwand für die Teilnahme an der Eigentümerversammlung in Kauf nehmen.

Praxis-Tipp:

Das Ladungsschreiben muss Versammlungsort, Versammlungszeit und Tagesordnung enthalten. In der Regel muss die Versammlung in der Nähe der Wohnanlage stattfinden und nicht in der Nähe des Büros des Verwalters (OLG Köln DWE 90, 30; Bay ObLG, NJW-RR 1987, 1362).

Die Eigentümerversammlung muss aber nicht zwingend in der politischen Gemeinde durchgeführt werden, in der sich die Wohnanlage befindet, es sei denn, die Teilnahme an der Versammlung wird hierdurch erschwert.

Der Zeitpunkt der Versammlung ist so zu bestimmen, dass auch berufstätige Wohnungseigentümer, ohne sich beurlauben lassen zu müssen, an der Versammlung teilnehmen können. Hierbei hat das OLG Frankfurt in OLGZ 82, 418 entschieden, dass eine Versammlung am Werktag Vormittag unzumutbar ist. Das BayObLG in BayObLGZ, 1987, 219 hat sogar entschieden, dass eine Eigentümerversammlung am Sonntag vor 11.00 Uhr ebenfalls unzumutbar ist. In aller Regel werden die Eigentümerversammlungen abends einberufen. Hiervon kann Abstand genommen werden und die Versammlung kann während der Bürostunden des Verwalters abgehalten werden, wenn der Großteil der Wohnungseigentümer eine längere Anreise zum Versammlungsort hat und bei einer Versammlung in den Abendstunden nicht mehr am selben Tag zurückreisen kann.

Achtung: Für den Fall, dass der Versammlungsort fehlerhaft bestimmt wurde, ist die Einberufungserklärung, die Ladung, nicht rechtmäßig und somit unwirksam. Die Wohnungseigentümer, die dennoch zur Versammlung erscheinen, sind nicht entscheidungsbefugt und auch nicht in der Lage, einen rechtmäßig zustande gekommenen Beschluss zu fassen. Ein Beschluss der Wohnungseigentümer wäre in sich absolut unwirksam. Eine rechtmäßig zustande gekommene Eigentümerversammlung kann vereinbaren, dass die

Eigentümerversammlung auch dann entscheidungsbefugt ist, wenn die Einberufung wegen einer örtlich unzumutbaren Einberufung unwirksam ist und den zusammengetretenen Wohnungseigentümern die Entscheidungsbefugnis fehlt. In diesem Fall sind die zustande gekommenen Beschlüsse der Eigentümerversammlung nicht absolut unwirksam. Im Hinblick auf den Einberufungsmangel sind sie jedoch anfechtbar.

Lückenlose Ladung

Zur Eigentümerversammlung müssen alle Wohnungseigentümer geladen werden, auch die Wohnungseigentümer, deren Stimmrecht ruht. Ausnahmsweise ist die Ladung eines Teils der Wohnungseigentümer zulässig, wenn die Abhaltung von einer Teilversammlung wirksam vereinbart wurde oder wenn in der Eigentümerversammlung nur solche Maßnahmen behandelt werden, die ausschließlich eine bestimmte Gruppe von Wohnungseigentümern bzw. die Wohnungseigentümer eines Gebäudes betreffen. Sind mehrere Personen Eigentümer einer Wohnung, so sind sie alle als Miteigentümer zu laden. Wenn diese einen Zustellungsbevollmächtigten bestimmt haben, so ist die Zustellung der Ladung nur an diesen vorzunehmen.

Praxis-Tipp:

Die Eigentümerversammlung sollte in die Gemeinschaftsordnung aufnehmen/regeln, dass die Absendung der Ladung an die zuletzt bekannte Adresse den Zugang der Einberufung fingiert. Eine solche Regelung ist empfehlenswert, da der Verwalter den Zugang der Ladung im Streitfall darlegen und beweisen muss.

Wird die Eigentumswohnung verkauft, so ist der veräußernde Wohnungseigentümer so lange zu laden, bis der Verkauf im Grundbuch eingetragen ist. Richtiger Ladungsempfänger ist, wer im Zeitpunkt der Absendung als Wohnungseigentümer im Grundbuch eingetragen ist. Hierbei ist es aber auch sinnvoll, wenn der Erwerber der Eigentumswohnung von der Versammlung unterrichtet wird. Dies gilt insbesondere dann, wenn Besitz, Nutzen und Lasten bereits auf ihn übergegangen sind.

Zweitversammlung

Für den Fall, dass die Erstversammlung nicht beschlussfähig ist, kann eine Zweitversammlung in unmittelbarem Anschluss an die zuerst einberufene Versammlung einberufen werden. Dabei darf in der Regel diese Eventualeinberufung nicht gleichzeitig mit der Einberufung der Erstversammlung erfolgen. Aber es kann in der Gemeinschaftsordnung bestimmt werden, dass eine Zweitversammlung, die der nicht beschlussfähigen Erstversammlung in kurzem zeitlichen Abstand folgt, schon zusammen mit der Ladung zur Erstversammlung einberufen wird. Das BayObLG (WM 89, 658) hat dazu entschieden, dass die Gültigkeit einer solchen Regelung angenommen werden kann. Wenn eine Zweitversammlung einberufen wird, so muss in der Einberufung darauf hingewiesen werden, dass die Zweitversammlung ohne Rücksicht auf die Zahl der erschienenen oder vertretenen Wohnungseigentümer beschlussfähig ist. Die Zweitversammlung setzt nicht mehr die strengen Bedingungen für die Beschlussfassung einer Erstversammlung voraus. Hierbei hat die Notwendigkeit, endlich die vorgesehenen Entscheidungen zu treffen, den Vorrang vor der Entscheidung, die von den Wohnungseigentümern mit einer repräsentativen Anzahl von Miteigentümeranteilen getroffen wird.

Wirksamkeit der Beschlüsse einer Zweitversammlung

Beschlüsse, die in einer unzulässig einberufenen Zweitversammlung gefasst werden, sind wegen ihres Einberufungsmangels verfahrensrechtlich rechtswidrig. Eine unzulässig einberufene Zweitversammlung ist dann gegeben, wenn die Einberufung zur Zweitversammlung mit der Einberufung zur Erstversammlung kombiniert ist und für den Fall einer mangelnden Beschlussfähigkeit der Erstversammlung zu einer zweiten, zeitlich nahen Versammlung geladen wird. In der Regel liegen solche Zweitversammlungen eine halbe Stunde bis eine Stunde nach der Erstversammlung. Eine derartig einberufene Zweitversammlung ist dann rechtswidrig, wenn sie nicht in der Gemeinschaftsordnung zugelassen ist.

Achtung: Prüfen Sie in der Gemeinschaftsordnung, ob solche Zweitversammlungen zulässig sind. In der Regel ist es üblich, dass solche Zweitversammlungen einberufen werden.

Eine absolute Unwirksamkeit der Beschlüsse einer rechtswidrig einberufenen Zweitversammlung ist nicht anzunehmen, aber sie sind anfechtbar.

Für die Rechtmäßigkeit einer Zweitversammlung wird vorausgesetzt, dass das Einberufungsschreiben einen belehrenden Hinweis enthält: „Die Versammlung ist ohne Rücksicht auf die Höhe der vertretenen Anteile beschlussfähig." Wenn diese Belehrung im Ladungsschreiben fehlt, so sind die in der Zweitversammlung gefassten Beschlüsse rechtswidrig und anfechtbar.

Beschlussgegenstand

Wie bereits aufgezeigt, muss der Beschlussgegenstand im Ladungsschreiben bezeichnet sein, damit über ihn gültig beschlossen werden kann. Wenn der Beschlussgegenstand nicht ausreichend bezeichnet ist, so ist der daraufhin gefasste Beschluss anfechtbar und vom Gericht auf Antrag für ungültig zu erklären.

Die häufigsten Einberufungsfehler

Wenn ein nicht amtierender Verwalter die Eigentümerversammlung einberuft, z. B. weil seine Bestellungszeit abgelaufen ist, so führt dies zur Anfechtbarkeit der Beschlüsse. Das Gleiche gilt, wenn ein nicht einberufungsberechtigtes Verwaltungsbeiratsmitglied die Eigentümerversammlung einberufen hat. Ausnahme hierzu ist, dass alle Wohnungseigentümer der Einberufung zugestimmt haben. Dies kann bei einer Universalversammlung (Vollversammlung) angenommen werden.

Wichtig: Wenn bekannt wird, dass ein Nichtberechtigter eine Eigentümerversammlung einberufen will, so kann schon vor der Versammlung dagegen gerichtlich vorgegangen werden. Besteht Streit über die Bestellung des Verwalters, die im Nachhinein für unwirksam erklärt wird, so werden alle Beschlüsse, die in der Zwischenzeit bei Eigentümerversammlungen verabschiedet wurden, wegen der Rückwirkung der Ungültigkeitserklärung anfechtbar, aber nicht nichtig. Eine andere Auffassung vertritt das LG Frankfurt (MDR 82, 497), dass solche Beschlüsse nicht einmal anfechtbar, somit also wirksam wären.

Andere Einberufungsfehler

Sonstige Einberufungsfehler führen nur dann zur Anfechtbarkeit eines Beschlusses, wenn der Fehler ursächlich für den Beschluss ist. Ein Fehler ist dann ursächlich, wenn z. B. aufgrund einer fehlenden Einberufung die Wohnungseigentümer an der Stimmrechtsausübung bzw. an der Beeinflussung der Meinungsbildung gehindert waren. Als rechtmäßig kann aber der Beschluss angesehen werden, wenn er bei ordnungsgemäßer Ladung oder Nichtvorliegen des Einberufungsfehlers genauso gefasst worden wäre (BayObLG NJW-RR 90, 784). Nicht erforderlich ist es, dass die Stimme eines einzelnen betroffenen Eigentümers allein für das Abstimmungsergebnis ursächlich gewesen wäre. Keine Anfechtung begründet aber, wenn ein Verwaltungsbeirat, der nicht Wohnungseigentümer ist, nicht eingeladen wird.

Mängel der nichtordnungsgemäßen Einberufung

Grundsätzliche Einberufungsmängel können sich daraus ergeben, dass

- die Einberufungsfrist nicht eingehalten wurde
- der Versammlungsort unzumutbar ist
- die Versammlung zur Unzeit stattfindet
- die Einberufung nicht in Textform erfolgte
- bei der Einberufung die Tagesordnung nicht mitgeteilt wurde
- nicht alle Personen geladen wurden, die zur Mitwirkung an der Beschlussfassung berechtigt sind
- die Beschlussgegenstände, zu welchen Beschlussfassungen verlangt werden, unzureichend oder fehlerhaft angekündigt sind

So setzen Sie Ihre Belange durch – mit Formulierungshilfen

Für die Wohnungseigentümergemeinschaft gilt also, wie bereits erläutert, der Grundsatz der Autonomie. Die Eigentümerversammlung dient jedem einzelnen Wohnungseigentümer zur Verwirklichung seines Rechts auf Selbstbestimmung und Selbstverwaltung. Neben der Eigentümerversammlung als Hauptorgan der Verwaltung steht der Verwalter und der Verwaltungsbeirat.

In vielen Eigentümerversammlungen ist leider wenig davon zu spüren, dass den Wohnungseigentümern die Bedeutung der Eigentümerversammlung bewusst ist. Die meisten Eigentümer wissen anscheinend nicht, dass sie in ihrer Gesamtheit das oberste Verwaltungsorgan der Wohnanlage sind. Dies offenbart sich leider allzu oft im Benehmen mancher Verwalter, welche die Eigentümerversammlung nur als lästige Pflichtübung betrachten und zur Selbstdarstellung missbrauchen. Hier wird die Eigentümerversammlung nicht selten vom Verwalter ausschließlich zur Bestätigung seiner Arbeit benutzt und deren Zustimmung zu vorgefertigten Beschlüssen eingeholt. Die Autonomie der Eigentümerversammlung kommt nicht zum Tragen. Die Wohnungseigentümer sind sich ihrer Rolle oft nicht bewusst und wirken eher wie Marionetten in der Hand des Verwalters. Der Verwalter wird jedoch von eben diesen Wohnungseigentümern bestellt und bezahlt. Als Eigentümer sollte man diesen Tendenzen unbedingt entgegenwirken.

Praxis-Tipp:

Beweisen Sie Zivilcourage! Die restlichen Eigentümer werden Ihnen dankbar sein, wenn die Eigentümerversammlung nicht zur jährlichen Routinehandlung degradiert wird, in der es lediglich um die Absegnung des Wirtschaftsplans und der Jahresabrechnung geht.

Ursachen hierfür sind das schwindende Interesse der Eigentümer an ihrer Gemeinschaft und die fehlende Bereitschaft, an der Versammlung teilzunehmen. Dadurch lassen die Rechte des einzelnen Eigentümers auf eine Verwaltung, die den Vereinbarungen und Beschlüssen und Interessen der Gesamtheit der Wohnungseigentümer entspricht, nach. Diese Interessen der Gesamtheit der Wohnungseigentümer können auch nur von der Gesamtheit der Wohnungseigentümer formuliert und durchgesetzt werden. Wenn die Eigentümerversammlung nur noch aus einer Handvoll desinteressierter Ja-Sager besteht, wird allein der Verwalter seine Interessen und Vorstellungen durchsetzen. Der Verwalter wird Sie dann nicht mehr als selbstständigen, autonomen Eigentümer betrachten, sondern als willfährigen „Mieter“, der dem Willen des Verwalters Folge zu leisten hat.

Praxis-Tipp:

- Ganz gleich, ob Sie in der Eigentumswohnung selbst leben oder sie vermietet haben, Sie können und müssen selbst entscheidend dazu beitragen, dass die Wohnanlage fachmännisch verwaltet wird.
- Nehmen Sie an jeder Eigentümerversammlung teil und bereiten Sie sich auf diese Versammlung gewissenhaft vor. Wirken Sie unbedingt an den Erörterungen und Beschlüssen aktiv mit.
- Hüten Sie sich davor, dass die Eigentümerversammlung nur nach den vorgefassten Formen der Tagesordnung abläuft, bei der die gestellten Anträge lediglich „abgehakt" werden. Wenden Sie sich strikt gegen solche Tendenzen, denn die Eigentümerversammlung muss für alle Teilnehmenden das Forum offener und fairer Diskussion sein.

Der Verwalter, aber auch jeder einzelne Wohnungseigentümer hat einen Anspruch auf „rechtliches Gehör". Es sollte also jeder zu jedem Thema seine Meinung äußern dürfen, und niemand darf durch die Versammlungsleitung oder andere Wohnungseigentümer an seiner Meinungsäußerung gehindert werden.

Sinnlose Diskussionen sind aber zu vermeiden und Sie sollten versuchen, sie einzudämmen. Unterstützen Sie die Versammlungsleitung dabei, sich entwickelnde Diskussionen auf sachliche Erörterungen zu beschränken. Hierbei genügt oft schon der Hinweis auf die Regel des heiligen Benedikt, dass „unnütze und dümmliche Reden von diesem Ort für immer verbannt sein sollen."

Auch Kapitalanleger sollten dafür Sorge tragen, dass die Wohnanlage sauber und gepflegt ist, um die Attraktivität der Wohnlage zu erhalten. Eine reibungs- und problemlose Verwaltung ist dafür die Voraussetzung.

Praxis-Tipp:

Gehen Sie mit dem festen Entschluss zur Eigentümerversammlung, dass bei einem Zwiespalt mit anderen Eigentümern ein Kompromiss der Eigentümergemeinschaft gefunden wird. Dabei sind die Interessen aller Wohnungseigentümer zu berücksichtigen und Abstimmungsergebnisse müssen auch dann akzeptiert werden, wenn sie nicht der eigenen Meinung entsprechen.

Die wichtigsten Tagesordnungspunkte

Von vielen Punkten auf der Tagesordnung wird die Effizienz und Attraktivität Ihres Eigentums unmittelbar berührt. Ihre Eigentumswohnung ist nur dann wirtschaftlich, wenn ein sinnvolles Gleichgewicht zwischen Einnahmen und Ausgaben besteht. Wenn Sie Ihre Eigentumswohnung nicht selbst bewohnen, sondern vermietet haben, ist es verständlich, dass sich viele Beschlüsse der Eigentümerversammlung auf das Mietverhältnis auswirken können. Insbesondere sind folgende Punkte zu beachten:

- Wirtschaftsplan
- Jahresabrechnung
- Instandhaltung und Instandsetzung des gemeinschaftlichen Eigentums
- bauliche Veränderungen
- Instandhaltungsrücklagen
- Sonderumlagen, Pflege des Gemeinschaftseigentums
- Fragen der Hausgemeinschaft
- Entlastung des Verwalters
- Bestellung eines neuen Verwalters

Die Formulierungshilfen der nächsten Seiten decken eine Vielzahl von Beschlüssen zu wichtigen Themen ab. Wichtig ist jedoch zu wissen, dass diese Formulierungen nicht alle denkbaren Fälle berücksichtigen können. Der konkrete Einzelfall sollte stets berücksichtigt werden, und die Formulierungen sollten unbedingt so geändert werden, dass sie auf die jeweilige Situation anwendbar sind. Die nun folgenden Beispielsformulierungen sollen Ihnen als Arbeits- und Orientierungshilfe dienen, um Ihre Interessen in der Eigentümerversammlung durchzusetzen.

Der Wirtschaftsplan

Der Wirtschaftsplan ist der Haushaltsplan der Gemeinschaft. Diesen muss der Verwalter für das folgende Kalenderjahr aufstellen. Grundsätzlich hat der Wirtschaftsplan drei Bestandteile:

- Vorausplanung über Einnahmen und Ausgaben der Verwaltung
- Umlegung der Lasten und Kosten entsprechend dem jeweils zutreffenden Verteilungsschlüssel
- Veranschlagte Leistungen für zu bildende Instandhaltungsrücklagen

Bis die Eigentümergemeinschaft in der Eigentümerversammlung über einen neuen Wirtschaftsplan Beschluss fasst, ist der zuletzt beschlossene Wirtschaftsplan die Rechtsgrundlage für die Zahlungen der Wohnungseigentümer, z. B. Hausgeld.

Achtung: Der Wirtschaftsplan ist erst dann für den einzelnen Wohnungseigentümer verbindlich, wenn über den Gesamtwirtschaftsplan und die Einzelwirtschaftspläne abgestimmt wurde. Denn erst aus dem Einzelwirtschaftsplan kann unmittelbar entnommen werden, wie viel Hausgeld der Einzelne zahlen muss (BayObLG NJW-RR 1990, 720).

Mustertext

Der vom Verwalter am ... vorgelegte Wirtschaftsplan, bestehend aus dem Gesamtwirtschaftsplan und den Einzelwirtschaftsplänen, für das Jahr ... mit einer Gesamtsumme von ... EUR wird genehmigt mit der Maßgabe, dass dieser Wirtschaftsplan auch für das nächste Jahr (...) gelten soll, bis die Eigentümergemeinschaft für das Jahr einen neuen Wirtschaftsplan beschließt. Die sich aus dem Wirtschaftsplan für den einzelnen Wohnungseigentümer ergebenden Zahlungsverpflichtungen sind rückwirkend ab dem ... zu leisten.

Für die Vorauszahlungen sieht das WEG keine bestimmten Fristen vor. In der Regel ist die Zahlungsweise jedoch dahingehend vereinbart, dass monatliche Leistungen zu erbringen sind. Solche Bestimmungen sind für die Wohnungseigentümer bindend. Sie können nur geändert werden, wenn dies einstimmig beschlossen wird. Wenn die Hausgeldvorauszahlungen jedoch sehr gering sind, sind halb- oder vierteljährliche Zahlungen durchaus empfehlenswert. Hierdurch wird der buchhalterische Aufwand minimiert, der ja beim Verwalter Kosten verursacht. Darüber hinaus sollten Sie bedenken, dass die Kontogebühren den Wohnungseigentümer bei den Überweisungen zweifach treffen: Einmal auf Ihrem Privatkonto und zum Zweiten auf dem Konto der Wohnungsgemeinschaft.

Viele Wohnungseigentümergemeinschaften haben die Frage des Hausgelds so geregelt, dass der Vorauszahlungsanspruch mit Beschluss des Wirtschaftsplans für das gesamte Jahr fällig wird. Die Wohnungseigentümer vereinbaren also, dass das anteilige Hausgeld für das gesamte Jahr auf einmal fällig ist, wobei der einzelne Wohnungseigentümer berechtigt sein soll, monatlich ein Zwölftel der Jahressumme zu leisten.

Mustertext

Der durch den Verwalter vorgelegte Wirtschaftsplan, bestehend aus Gesamtwirtschaftsplan und Einzelwirtschaftsplänen, für das Jahr ... mit einer Gesamtsumme in Höhe von ... EUR wird genehmigt.

Das mit der Beschlussfassung des Wirtschaftsplans auf die einzelnen Einheiten entfallende Hausgeld/Wohngeld wird für das gesamte Kalenderjahr auf einmal fällig; es ist bis zum ... auf das Gemeinschaftskonto zu zahlen.

Die fällige Hausgeldschuld wird seitens der Wohnungseigentümergemeinschaft dem einzelnen Wohnungseigentümer in der Weise gestundet, dass dieser jeweils bis zum vierten Werktag eines jeden Monats ein Zwölftel der Jahressumme zu leisten hat.

> Wenn der Wohnungseigentümer für zwei aufeinander folgende Termine mit der Entrichtung der Hausgeldrate oder eines nicht unerheblichen Teils derselben in Verzug kommt oder in einem Zeitraum, der sich über mehr als zwei Fälligkeitstermine erstreckt, mit der Entrichtung des Hausgelds in Höhe eines Betrags in Verzug kommt, der das Hausgeld für zwei Monate erreicht, wird der gesamte noch geschuldete Jahresbetrag sofort zur Zahlung fällig.

Das Plus dieses Beschlusses ist, dass in Fällen von Zahlungsverzug, in welchen gerichtliche Wohngeldinkassoverfahren notwendig sind, entsprechend der vereinbarten Fälligkeit immer der Betrag geltend gemacht werden kann, der tatsächlich fällig ist. Denn bei monatlicher Zahlungsweise würde bei andauerndem Zahlungsverzug Monat für Monat der neu fällig werdende Betrag eingeklagt werden müssen. Bei diesem Beschluss wird jedoch der gesamte Restjahresbetrag sofort einklagbar. Die erheblichen Kosten und der hohe Arbeitsaufwand, der anderenfalls entstünde, wird dadurch vermieden. Bedenken Sie immer, dass Gerichtsverfahren auch ihre Zeit benötigen. Ist also ein Wohnungseigentümer in Zahlungsverzug und bei mehreren Gläubigern verschuldet, so ist es für die Eigentümergemeinschaft von großem Vorteil, wenn sie ihren Anspruch schnellstmöglich vollstrecken kann. Der vorgenannte Beschluss gewährleistet ein zügiges Wohngeldinkassoverfahren. Es muss allerdings besonders darauf hingewiesen werden, dass ein solcher Beschluss nur einstimmig getroffen werden kann. Die einfache Mehrheit reicht dafür nicht aus. Der Beschluss wäre dann anfechtbar.

Praxis-Tipp:

Für ein Anfechtungsverfahren ist das Amtsgericht zuständig, in dessen Gerichtsbezirk sich die Eigentumswohnanlage befindet. Innerhalb eines Monats nach der Beschlussfassung muss der Antrag auf Anfechtung beim Gericht eingegangen sein. Diese Monatsfrist ist einzuhalten, egal ob Sie als Antragsteller an der Eigentümerversammlung teilgenommen haben oder nicht.

Für den Fall, dass der Wirtschaftsplan des Vorjahres auch weiterhin gelten soll, empfiehlt sich folgende Musterformulierung:

Mustertext

> Der Wirtschaftsplan für das Wirtschaftsjahr, bestehend aus Gesamtwirtschaftsplan und Einzelwirtschaftsplänen, ... bleibt weiterhin gültig und gilt auch für das Wirtschaftsjahr ... Die sich aus dem Wirtschaftsplan für den einzelnen Wohnungseigentümer ergebenden Zahlungsverpflichtungen sind rückwirkend ab ... zu leisten.

Wird ein Wirtschaftsplan nicht beschlossen, so muss die Eigentümerversammlung sicherstellen, dass die Verwaltung der Wohnanlage ordnungsgemäß weitergeführt wird. Hierbei empfiehlt sich folgender Beschluss, wenn die Vorauszahlungen auf Grundlage der letzten Jahresabrechnung ermittelt worden sind:

Mustertext

> Wird ein Wirtschaftsplan nicht beschlossen, gilt die von der Eigentümerversammlung beschlossene Jahresabrechnung als Grundlage für die Ermittlung der Vorauszahlungen der Wohnungseigentümer gegen die Lasten und Kosten des gemeinschaftlichen Eigentums. Die Höhe der Vorauszahlungsbeträge wird nach dem Miteigentumsanteil berechnet.
>
> Dieser hierdurch zustande gekommene Notwirtschaftsplan ist rechtswirksam, bis die Eigentümergemeinschaft einen neuen Wirtschaftsplan genehmigt.

Wirtschaftsjahr

Der Verwalter muss bezüglich der Einnahmen und Ausgaben, die in der Wohnanlage angefallen sind, einmal im Jahr Rechenschaft ablegen. Diese Abrechnung muss er unaufgefordert nach Ablauf des Wirtschaftsjahrs erstellen und vorlegen. Hierbei ist das Wirtschaftsjahr regelmäßig das Kalenderjahr.

Da viele Verwalter nicht nur eine einzige Wohnanlage, sondern häufig mehrere bzw. größere Anlagen verwalten, kann es zu zeitlichen Engpässen kommen. Damit die Verwalter entlastet und die Jahresabrechnungen, die sie für jede Wohnanlage stellen müssen, entzerrt werden, empfiehlt es sich, vom Kalenderjahr auf das Wirtschaftsjahr umzustellen. Dies kann auch für Sie als Kapitalanleger interessant sein, da Sie Ihren Mietern die Mietnebenkostenabrechnung frühzeitig vorlegen können. Dies ist insofern empfehlenswert, da die Mieter öfters Nachzahlungen für kommunale Ausgaben und Gebühren bezüglich Versorgungs- und Entsorgungsleistungen zu leisten haben.

Mustertext

Unter Berücksichtigung der vom Verwalter vorgetragenen Gründe für eine nachhaltige Verwaltertätigkeit wird das bisher geltende Wirtschaftsjahr = Abrechnungszeitraum, in der Weise geändert, dass das Wirtschaftsjahr vom ... bis zum ... eines jeden Jahres läuft. Diese Neuregelung wird wirksam ab ...

Praxis-Tipp:

Wenn Sie Ihre Eigentumswohnung vermieten, müssen Sie darauf achten, dass Sie den Abrechnungszeitraum für die Mietnebenkosten an das veränderte Wirtschaftsjahr anpassen.

Jahresabrechnung

Aufgabe des Verwaltungsbeirats ist es, die Jahresabrechnung des Verwalters zu prüfen. Das Ergebnis der Prüfung muss der Verwaltungsbeirat den Wohnungseigentümern in der Eigentümerversammlung mitteilen, und er muss diesbezüglich Stellung nehmen, bevor die Eigentümerversammlung hierüber beschließt. In der Regel kommt es bei vielen Wohnungseigentumsanlagen vor, dass nicht der Verwaltungsbeirat die Jahresabrechnung prüft, sondern ein Wohnungseigentümer mit der Prüfung beauftragt wird, der auch beruflich mit dem Rechnungswesen vertraut ist.

Wenn Sie sich zu dieser Aufgabe berufen fühlen und von der Eigentümerversammlung zum Rechnungsprüfer bestellt wurden, sollten Sie, nachdem Ihre Prüfung keine Beanstandung ergeben hat, folgenden Beschlussantrag stellen:

Mustertext

In meiner Eigenschaft als Rechnungsprüfer habe ich am ... das Rechnungswesen des Verwalters geprüft und mich durch umfangreiche Stichproben davon überzeugt, dass ordnungsgemäß gebucht worden ist und die Belege ordnungsgemäß aufbewahrt sind. Die vorgelegte Gesamtrechnung ist korrekt. Ich beantrage, die Wohnungseigentümer mögen die Abrechnung genehmigen und dem Verwalter Entlastung erteilen.

Dem Verwalter ist für die Abrechnung keine besondere Form vorgeschrieben. Grundsätzlich sollte aber Folgendes gelten:

- Die Jahresabrechnung muss eine geordnete und übersichtliche, inhaltlich zutreffende Aufstellung der Einnahmen und Ausgaben im jeweiligen Kalenderjahr enthalten.
- Die Jahresabrechnung muss auch ohne Hinzuziehung eines Buchhalters oder eines sonstigen Sachverständigen inhaltlich und rechnerisch nachvollziehbar sein.
- Es dürfen immer nur die tatsächlich zugeflossenen Einnahmen und die tatsächlich entstandenen Ausgaben berücksichtigt werden. Sollbeträge bleiben grundsätzlich unberücksichtigt.

Wenn die Jahresabrechnung diesen Grundsätzen entspricht, ist es angebracht, sie mit folgendem Beschluss zu genehmigen:

Mustertext

Die Jahresabrechnung, die vom Verwalter vorgelegt wurde, besteht aus Gesamtabrechnung und Einzelabrechnungen. Wir bestätigen die Jahresabrechnungen und erkennen die ausgewiesenen Zahlen an.

Die Wohnungseigentümer haben die ausgewiesenen Fehlbeträge bis zum ... auf das Gemeinschaftskonto ... zu zahlen. Soweit die Wohnungseigentümer am Lastschriftverfahren teilnehmen, erfolgt der Einzug der Beträge in der ... Kalenderwoche.

Die Rücküberweisung der Guthabenbeträge an die Wohnungseigentümer erfolgt in der ... Kalenderwoche.

Sonderumlage

Eine Sonderumlage kann zur Behebung von Liquiditätsschwierigkeiten der Gemeinschaft beschlossen werden (BayObLG in WEM 82, 112). Liquiditätsschwierigkeiten können dadurch entstehen, wenn der Wirtschaftsplan unrichtig war oder durch neue Tatsachen überholt ist bzw. der Wirtschaftsplan aus anderen Gründen nicht mehr durchgeführt werden kann. So kann eine Sonderumlage innerhalb des Wirtschaftsplans oder neben diesem zusätzlich zu den monatlichen Wohngeldzahlungen als eine einmalige Zahlung erhoben werden. Wenn diese Sonderumlage zur Deckung eines Wohngeldausfalls dient, ist auch der Wohnungseigentümer anteilig einzubeziehen, der den Ausfall verursacht hat und über dessen Vermögen Insolvenz eröffnet ist (BGH in NJW-RR 90, 17). Aber eine Sonderumlage kann auch bei akutem Reparaturbedarf beschlossen werden. Hierbei ist sie im Zweifelsfall sofort fällig (KG NJW-RR 91, 912). Voraussetzung für diese Sonderumlage ist ein Mehrheitsbeschluss der Wohnungseigentümer. Ausnahme hierfür ist, dass der Verwalter von der Eigentümerversammlung allgemein zur Erhebung von Sonderumlagen ermächtigt worden ist.

Der Beschluss der Eigentümerversammlung, eine Sonderumlage zu erheben, könnte beispielsweise so aussehen:

Mustertext

Zur Behebung einer drohenden oder bestehenden Liquiditätsschwierigkeit, die durch ... verursacht ist, wird eine Sonderumlage in Höhe von EUR ... notwendig.

Die auf den einzelnen Wohnungseigentümer entfallenden Teilbeträge sind nach Miteigentumsanteilen zu berechnen.

Mit der Beschlussfassung ist die Sonderumlage fällig und ist unverzüglich auf das Gemeinschaftskonto ... einzuzahlen. Soweit die Wohnungseigentümer am Lastschriftverfahren teilnehmen, erfolgt der Einzug der Beträge in der ... Kalenderwoche.

Der Beschluss, eine Sonderumlage zu erheben, ist auch dann gültig, wenn der Verteilungsschlüssel und die Belastung des einzelnen Wohnungseigentümers in ihm nicht angegeben sind (BayObLG NJW 93, 603). In diesem Fall ist der Gesamtbetrag nach dem allgemein geltenden Schlüssel auf die Wohnungseigentümer zu verteilen.

Sinn einer Sonderumlage kann es auch sein, notwendige Mittel für Instandhaltungs- oder Instandsetzungsarbeiten aufzubringen. Üblicherweise werden die auf den einzelnen Wohnungseigentümer entfallenden Teilbeträge nach den Miteigentumsanteilen berechnet und sollen im Beschluss festgelegt werden (BayObLG NJW-RR 2004, 1378). Die Sonderumlage ist in der Regel mit der Beschlussfassung fällig und auf das Gemeinschaftskonto einzuzahlen. Ist jedoch zu erkennen, dass die Sonderumlage nicht sofort, sondern erst einige Monate später benötigt wird, so kann die Eigentümerversammlung einen alternativen Beschluss fassen:

Mustertext

Zur Bezahlung der beschlossenen Instandhaltungs- und Instandsetzungsmaßnahme des Gemeinschaftseigentums wird eine Sonderumlage in Höhe von insgesamt ... EUR notwendig. Die auf den einzelnen Wohnungseigentümer entfallenden Teilbeträge sind nach Miteigentumsanteil zu berechnen.

Die Sonderumlage wird erst im .../... (Monat/Jahr) benötigt und wird bis zum ... gestundet. Die Wohnungseigentümer haben bis zum ... (oben genannten Termin) Zahlungen auf das Gemeinschaftskonto zu leisten. Soweit die Wohnungseigentümer am Lastschriftverfahren teilnehmen, erfolgt der Einzug in der ... Kalenderwoche ... (Jahr).

Praxis-Tipp:

Größere Instandhaltungs- und Instandsetzungsarbeiten dürfen vom Verwalter erst vergeben werden, wenn ihm die dafür erforderlichen Geldmittel zur Verfügung stehen. Nur in Unglücksfällen, in denen schnelles Handeln geboten ist, kann eine Ausnahme akzeptiert werden.

Instandhaltungsrücklage

Die Instandhaltungsrücklage ist die vorsorgliche Ansammlung von Kapital durch die Wohnungseigentümer, welches zur Deckung künftiger Instandhaltungs- und Instandsetzungskosten benötigt wird. Hierbei ist die Entstehung der Kosten dem Grund nach sicher, der Zeitpunkt und die Höhe der Kosten sind aber ungewiss. Durch die Rücklagen sollen für die Eigentümergemeinschaft Mittel angesammelt werden, die künftig anfallende, größere, vorhersehbare Kosten der Instandhaltung und Instandsetzung, aber auch unvorhersehbare, plötzlich auftretende Reparaturkosten abdecken sollen. Dies ist insofern sinnvoll, da durch die Rücklagen weniger zahlungskräftige Wohnungseigentümer nicht in finanzielle Notlagen geraten. Zugleich sollen die Rücklagen verhindern, dass die Eigentumswohnanlage wegen fehlender Mittel verwahrlost. Es ist eine Aufgabe der ordnungsgemäßen Verwaltung, angemessene Instandhaltungsrücklagen zu bilden. Bei größeren Wohnanlagen sollte aber vereinbart werden, dass die Rücklagen für jedes Gebäude getrennt angesammelt werden (BayObLG WE 1988, 71).

Jeder Wohnungseigentümer muss nach dem Verhältnis seines Miteigentumsanteils zur Rücklagenbildung beitragen. Da es über die

Höhe der Instandhaltungsrücklagen keine gesetzlichen Stimmen gibt, kommt es hierüber in der Eigentümerversammlung immer wieder zu heftigen Diskussionen. Das Gesetz sagt nur, dass eine „angemessene Rücklagenbildung" zur ordnungsgemäßen Verwaltung gehört. Jedoch darüber, was „angemessen" ist, schweigt das Gesetz. Insofern muss von Fall zu Fall entschieden werden, was als „angemessen" angesehen werden kann. Hierbei bemisst sich die Angemessenheit nach den konkreten Verhältnissen der betreffenden Wohnanlage (BayObLG DWE 85, 57).

Ausschlaggebend sind dabei die folgenden Punkte:

- baulicher Zustand der Anlage
- Alter des Gebäudes
- Reparaturanfälligkeit
- gemeinschaftliche Einrichtungen
- wirtschaftliche Verhältnisse der Eigentümer

Die Bestimmungen des sozialen Wohnungsbaus können als Anhaltspunkte und Erfahrungswerte herangezogen werden. In der Regel wird ein Betrag von 4 EUR bis 6 EUR je Quadratmeter und Jahr als angemessen angesehen. Es widerspricht jedoch den Grundsätzen der ordnungsgemäßen Verwaltung, wenn ungebührend hohe oder niedrige Rücklagen gebildet werden.

Wenn sich nun herausstellt, dass die gegenwärtigen Rücklagen zu gering sind und eine Anhebung der Instandhaltungsrücklage notwendig erscheint, so könnte man eine Erhöhung der Rücklage mit folgender Formulierung beschließen:

Mustertext

Die Höhe der derzeitigen Instandhaltungsrücklage ist nicht angemessen. Mit Wirkung vom ... wird die Instandhaltungsrücklage auf ... EUR pro Quadratmeter Wohnfläche pro Jahr festgesetzt. Dieser angehobene Betrag ist erstmalig mit der Wohngeldleistung mit dem Monat ... zu zahlen.

Praxis-Tipp:

Regelmäßig schlägt der Verwalter – mit gutem Grund – eine Anhebung der Rücklage vor. Die Mehrheit der Wohnungseigentümer will diesem Vorschlag jedoch meistens nicht folgen. Wenn Sie eine Anhebung der Instandhaltungsrücklage befürworten, sollten Sie darauf drängen, dass der Verwalter einen entsprechenden Hinweis in der Versammlungsniederschrift (Protokoll) aufnimmt.

Mustertext

Der Verwalter wies darauf hin, dass die Instandhaltungsrücklage unangemessen niedrig ist und nach seiner Vorstellung für eine ordnungsgemäße Verwaltung ... EUR betragen sollte.

Praxis-Tipp:

- Durch diesen Hinweis werden möglicherweise andere Wohnungseigentümer dazu veranlasst, der Anhebung der Rücklage zuzustimmen. Hilfreich ist der in das Protokoll aufgenommene Hinweis jedenfalls dann, wenn es darum geht, eine Sonderumlage wegen benötigter Mittel für Instandhaltungsarbeiten durchzusetzen.
- Den Wohnungseigentümern, die sich nun der Anhebung widersetzen, wird es dadurch erschwert, später eine deshalb notwendig werdende Sonderumlage zu blockieren.
- Es empfiehlt sich, diesen Wohnungseigentümern dann durch Vorlage der Versammlungsniederschrift ihre frühere Verweigerungshaltung aufzuzeigen.

Die Rücklage kann aber auch zur Überbrückung von Liquiditätsengpässen gebildet werden. Hierfür bietet sich folgender Beschluss an:

Mustertext

Die Wohnungseigentümergemeinschaft entbindet den Verwalter von der Verpflichtung, die dem Gemeinschaftskonto zufließenden Beträge für die Instandhaltungsrücklage unmittelbar der vorgesehenen Anlageform für die Instandhaltungsrücklage zuzuführen.

Damit Überziehungen des Gemeinschaftskontos vermieden werden, kann der Verwalter diese Mittel aus der Instandhaltungsrücklage für die Bewirtschaftung des laufenden Wirtschaftsjahres verwenden.

Der Verwalter wird verpflichtet, spätestens am ... den im Wirtschaftsplan eingestellten Gesamtbetrag der Instandhaltungsrücklage zur endgültigen Anlage dem Konto ... zuzuführen. Wenn das Guthaben auf dem Gemeinschaftskonto dafür nicht ausreicht, wird vorsorglich beschlossen, dass der Fehlbetrag durch eine Sonderumlage von den Wohnungseigentümern aufzubringen ist.

Der Verwalter wird schon jetzt ermächtigt, den auf einen Wohnungseigentümer entfallenden Betrag rechtzeitig anzufordern, damit die Instandhaltungsrücklage im beschlossenen und im Wirtschaftsplan eingestellten Betrag gebildet und angelegt werden kann.

Der Verwalter hat die Rücklage bis zur Beschlussfassung aufgrund der Beschlussfassung über die Ansammlung einer Rücklage kurzfristig und zinsgünstig anzulegen (a. A. LG Bonn DWE 85, 127: ohne ausdrücklichen Auftrag der Eigentümergemeinschaft ist der Verwalter weder berechtigt noch verpflichtet, die Instandhaltungsrückstellung selbstständig zinsbringend anzulegen, auch wenn er sich im Verwaltervertrag zu einer Verwaltung der Gelder der Gemeinschaft mit der Sorgfalt eines ordentlichen Kaufmanns verpflichtet hat).

Praxis-Tipp:

Grundsätzlich empfiehlt es sich, die Mittel der Instandhaltungsrücklage kurzfristig bzw. mittelfristig gewinnbringend anzulegen.

Bei der Instandhaltungsrücklage handelt es sich um Verwaltungsvermögen. Der Verwalter hat dieses Vermögen auf einem offenen Fremdkonto zu führen und gesondert von seinem eigenen Vermögen und dem Vermögen anderer Gemeinschaften zu halten. Es ist zweckmäßig, aber nicht zwingend erforderlich, dass dieses Geld auf einem vom laufenden Girokonto getrennten Konto angelegt wird (KG WE 87, 195). Insofern könnte sich folgender Beschluss für die Eigentümerversammlung anbieten:

Mustertext

Der Verwalter wird verpflichtet, die Rücklagen auf einem so genannten Anderkonto, getrennt von seinem und den übrigen Gemeinschaftsvermögen, zu halten.

Instandsetzungsarbeiten

Die zentrale Aufgabe der Verwaltung (Eigentümerversammlung, Verwalter, Verwaltungsbeirat) ist die Instandhaltung und Instandsetzung der Wohnanlage. Die Instandhaltung ist die Aufrechterhaltung des ursprünglichen Zustands der Wohnanlage. Diese wird gewährleistet durch pflegende, erhaltende und vorsorgende Maßnahmen. Hierzu gehört vor allem auch die Beseitigung von Mängeln, die durch Abnutzung, Alterung, Witterungseinflüsse oder sonstigen Verschleiß entstehen. Zur Instandhaltung zählen alle erforderlichen vorbeugenden Maßnahmen, auch Schönheitsreparaturen, durch welche die Wohnanlage an die modernen Wohnbedürfnisse angepasst wird. Hierzu gehört z. B. auch die Erweiterung der Antennenanlage sowie der Anschluss an sonstige technische Entwicklungen (BayObLG ZMR 81, 285). Die Instandhaltung sollte auch unter dem Aspekt der Vermietbarkeit der Eigentumswohnung gesehen werden. Denn nicht nur Sie, sondern auch ein zahlungskräftiger Mieter wohnt gerne in einer schönen Anlage.

Instandsetzung bedeutet demgegenüber die Wiederherstellung eines einmal vorhandenen ordnungsgemäßen Zustands (BayObLG DWE 82,

104). Dies ist also die Beseitigung von Schäden, die dadurch entstanden sind, dass eine Instandhaltung mangelhaft oder unzureichend durchgeführt wurde. Weitere mögliche Ursachen für die Entstehung dieser Schäden können auch außergewöhnliche Umstände und Ereignisse, wie z. B. Hochwasser, Brand, Sturm, Erdrutsch usw., sein.

Für die so genannte „modernisierende Instandsetzung" der Wohnanlage sollte folgender Beschluss gefasst werden:

Mustertext

Die Mehrheit der Wohnungseigentümer, die auch die Mehrheit der Miteigentumsanteile vertritt, beschließt bauliche Veränderungen oder Wertverbesserungen des gemeinschaftlichen Eigentums, die über dessen ordnungsgemäße Instandhaltung und Instandsetzung hinausgehen, jedoch zur Erhaltung seines Werts und seiner Wirtschaftlichkeit nach den Grundsätzen ordnungsgemäßer Bewirtschaftung erforderlich erscheinen bzw. infolge des technischen Fortschritts oder des gestiegenen Lebens- und Wohnungsstandards geraten sind.

Es müssen auch die Wohnungseigentümer, die nicht zugestimmt haben, die Durchführung dieser Maßnahmen dulden und sich an den damit verbundenen Kosten beteiligen. Dies gilt auch, wenn dadurch vorübergehend Ihre Rechte, insbesondere die Benutzbarkeit der in Ihrem Sondereigentum stehenden Räume, eingeschränkt werden.

Für den Fall, dass durch Instandsetzungsarbeiten Schäden an Räumen entstehen, die sich im Sondereigentum eines Wohnungseigentümers befinden, empfiehlt sich folgender Beschluss, der frühzeitig gefasst werden sollte:

Mustertext

Wenn bei der Durchführung von Instandhaltungs- und Instandsetzungsarbeiten am gemeinschaftlichen Eigentum Schäden am Sondereigentum eines Wohnungseigentümers entstehen, sind die für die Beseitigung der Mängel aufzuwendenden Kosten dem betroffenen Wohnungseigentümer von der Wohnungseigentümergemeinschaft zu ersetzen.

Die Kosten verteilen sich auf die einzelnen Wohnungseigentümer nach den Miteigentumsanteilen. Der betroffene Wohnungseigentümer ist dabei auch zur Zahlung verpflichtet.

Zur Erleichterung der Verwaltungstätigkeit und zur zügigen Ausführung kleiner Instandhaltungs- und Instandsetzungsarbeiten sollte die Wohnungseigentümergemeinschaft den Verwalter dazu ermächtigen, dass er solche geringfügigen Instandhaltungs- und Instandsetzungsarbeiten ausführen kann, ohne zuvor einen entsprechenden Beschluss der Eigentümergemeinschaft einholen zu müssen. Für eine solche Ermächtigung könnte der folgende Beschluss in Frage kommen:

Mustertext

Der Verwalter wird befugt, alle notwendigen Instandhaltungs- und Instandsetzungsarbeiten ausführen zu lassen, wenn die dafür erforderlichen Aufwendungen einen Betrag von etwa ... EUR nicht übersteigen und die der Gemeinschaft zur Verfügung stehenden Mittel dies zulassen.

In dringenden Notfällen gilt diese Ermächtigung auch dann, wenn keine entsprechenden Mittel auf dem Gemeinschaftskonto zur Verfügung stehen.

Instandhaltungsarbeiten sind aber auch deshalb geboten, damit die Eigentümergemeinschaft bzw. den einzelnen Wohnungseigentümer keine Haftung trifft. Wenn ein Schaden am gemeinschaftlichen Eigentum zu einem Schaden eines Wohnungseigentümers führt, z. B. durch ein undichtes Dach ein Wasserschaden am Mobiliar entsteht, so hat die Gemeinschaft oder der Verwalter (BGH NJW 72, 1319) diesen Schaden zu ersetzen, falls ein Verschulden vorliegt, also in dem Fall, dass der Schaden auf ein pflichtwidriges Unterlassen von Instandhaltungs- und Instandsetzungsarbeiten oder auf eine verzögerte Beseitigung des Schadens zurückzuführen ist (BayObLG WE 88, 108). Dabei ist ein Verschulden des Verwalters jedoch nicht der Wohnungseigentümergemeinschaft zuzurechnen (OLG Frankfurt DWE 85, 122). Insofern ist es im Interesse eines jeden Wohnungseigentümers, wenn die Anlage intakt gehalten wird, denn dadurch bleibt die Anlage für alle Beteiligten attraktiv und es besteht keine Gefahr einer möglichen Haftung.

Entlastung des Verwalters

Indem die Eigentümergemeinschaft die Jahresabrechnung billigt, erteilt sie dem Verwalter Entlastung und billigt dadurch auch sonstige Verwaltungshandlungen des Verwalters. Durch die Billigung bzw. Entlastung werden jegliche Ansprüche gegen den Verwalter ausgeschlossen, die bei zumutbarer Sorgfalt für die Wohnungseigentümer erkennbar gewesen wären (BayObLG WE 90, 147). Dies sind insbesondere Schadenersatzansprüche. Aber auch Ansprüche aus ungerechtfertigter Bereicherung oder Ansprüche aus Geschäftsführung ohne Auftrag. Des Weiteren ist der Verwalter, dem Entlastung erteilt wurde, von der Verpflichtung befreit, weitere Auskünfte über Vorgänge zu erteilen, die Gegenstand der Entlastung waren (OLG Celle DWE 85, 25). Es sei denn, die Wohnungseigentümer haben ein berechtigtes Interesse an der Auskunft. Das trifft dann zu, wenn ein Wohnungseigentümer eine Betriebskostenausgabe in Zusammenhang mit einer Abrechnung gegenüber seinem Mieter erklären muss. Das Recht auf Einsicht in die Verwaltungsunterlagen wird durch die Entlastung nicht eingeschränkt (OLG Hamm DWE 86, 24).

Wenn nicht unter einem gesonderten Tagesordnungspunkt über die Entlastung des Verwalters abgestimmt wird, ist die Genehmigung der Jahresabrechnung durch die Eigentümerversammlung auch die Entlastung des Verwalters. Sollte dem Verwalter gesondert Entlastung erteilt werden, so könnte der Beschluss folgendermaßen lauten:

Mustertext

Dem Verwalter wird für sein Wirken für die Wohnungseigentümergemeinschaft gedankt und ihm für seine gesamte Tätigkeit im abgelaufenen Wirtschaftsjahr Entlastung erteilt.

Ihre Stimme zählt!

Nach dem so genannten Kopfprinzip hat jeder Wohnungseigentümer unabhängig von der Größe seiner Wohnung nur eine Stimme. Steht das Wohnungseigentum mehreren Wohnungseigentümern gemeinsam zu, z. B. bei Eheleuten oder Erbengemeinschaften, so hat jeder Teileigentümer eine Stimme. Dieses Kopfprinzip des WEG weicht jedoch von der allgemeinen Regelung des BGB ab. Mit der Regelung des Kopfprinzips wollte der Gesetzgeber vermeiden, dass kapitalkräftige Eigentümer größere Wohnungen erwerben und von vornherein ein Übergewicht gegenüber den Eigentümern kleinerer Wohnungen haben. Dieses gesetzliche Stimmrecht muss aber nicht eingehalten werden. Es kann eine abweichende Regelung vereinbart werden (BGHZ 49, 250). Meist wird schon eine abweichende Regelung in der Teilungserklärung oder Gemeinschaftsordnung getroffen. Diese geht dann der gesetzlichen Regelung vor (BayObLG MDR 80, 142).

Als von dem Kopfprinzip abweichende Prinzipien gibt es:

- Das Realprinzip, in dem jedes Wohnungs- und Teileigentum eine Stimme gewährt hat
- Das Wertprinzip, bei dem sich das Stimmrecht an der Größe des jeweiligen Miteigentumsanteils bemisst

In der Regel wird dem Stimmrecht nach dem Wertprinzip der Vorzug gegeben, denn es entspricht in den meisten Fällen den wirtschaftlichen Belangen des Wohnungseigentümers, da vor allem Kosten gerechter verteilt und abgerechnet werden können. Wer sich eine große Wohnung leisten kann, der kann sich, so der Grundgedanke, einen größeren finanziellen Anteil am Hausgeld leisten. Wenn das Wertprinzip eingeführt ist, dann gilt es auch für Abstimmungen, wie z. B. für die Abberufung oder Bestellung des Verwalters.

Wichtig: Wenn der Versammlungsvorsitzende ein Abstimmungsergebnis nach einem anderen als nach dem in der Gemeinschaftsordnung bestimmten Modus festhält, z. B. nach dem Kopfprinzip, so kann der Beschluss nicht mit Erfolg angefochten werden, wenn feststeht, dass der Beschluss genauso nach der vereinbarten Stimmrechtsregelung zustande gekommen wäre (BayObLG WE 88, 205; OLG Schleswig DWE 89, 143). Wenn dies aber nicht mehr feststellbar ist, so ist der angefochtene Beschluss auf Antrag vom Gericht für ungültig zu erklären.

Um Ihr Stimmrecht ausüben zu können, ist es für Sie wichtig, vor allem über folgende Fragen zum Stimmrecht informiert zu sein.

Stimmenthaltung

Gemäß der Rechtsprechung des BGH (NJW 89, 1090) zählen Stimmenthaltungen bei der Berechnung der Stimmenmehrheit nicht mit. Bei der Beschlussfassung ist also die Mehrheit nur nach den abgegebenen Ja- und Nein-Stimmen zu berechnen. Wer sich nämlich der Stimme – egal, aus welchem Grund – enthält, will auf die Beschlussfassung nicht anders einwirken, als wenn er der Versammlung ferngeblieben wäre oder sich der Abstimmung ferngehalten hätte.

Beispiel:

Eine Eigentümerversammlung besteht aus 16 stimmberechtigten Personen. Die Abstimmung lautet acht Ja- zu fünf Nein-Stimmen. Ein Wohnungseigentümer enthielt sich der Stimme und zwei Wohnungseigentümer stimmten nicht mit ab. In diesem Fall ist ein Mehrheitsbeschluss zustande gekommen.

Stimmrechtsmajorisierung

Eine Majorisierung ist dann gegeben, wenn ein einzelner Wohnungseigentümer über ein Stimmenübergewicht und eine Kumulierung von Stimmrechten verfügt.

Beispiel:

Das Stimmrecht bestimmt sich nach dem Wertprinzip und die Mehrzahl der Eigentumswohnungen befindet sich noch in Besitz des Bauträgers. Der Bauträger hat insofern einen beherrschenden Einfluss und kann die anderen Wohnungseigentümer überstimmen. Man spricht von einer „Majorisierung der Minderheit". In diesen Fällen ist oft die Gefahr des Missbrauchs gegeben.

Hier ist zwar nach dem vereinbarten Stimmrecht abzustimmen, aber es ist stets zu prüfen, ob die anderen Wohnungseigentümer rechtsmissbräuchlich überstimmt worden sind. Ein solcher majorisierender, rechtsmissbräuchlicher Mehrheitsbeschluss ist auf Anfechtungsantrag hin für ungültig zu erklären. Dabei müssen die Mehrheitseigentümer darlegen, dass durch die rechtsmissbräuchliche Ausübung des Stimmrechts eine ordnungsgemäße Verwaltung blockiert wird. Ein Rechtsmissbrauch ist in aller Regel dann gegeben, wenn ein Eigentümer sein absolutes Stimmenübergewicht dazu verwendet, um die Wahl eines ihm persönlich verbundenen Verwalters durchzusetzen, ohne Auskunft über dessen Person und Eignung zur Verwaltung zu geben bzw. ohne den anderen Wohnungseigentümern die Möglichkeit zu geben, den künftigen Verwalter persönlich kennen zu lernen.

Achtung: Es kann also sein, dass ein Bauträger seine Stimmenmehrheit rechtsmissbräuchlich dazu verwendet, um einen ihm wirtschaftlich oder persönlich verbundenen Verwalter durchzusetzen. Dies könnte für den Bauträger dann von Bedeutung sein, wenn es darum geht, Gewährleistungsansprüche der Eigentümergemeinschaft zu hintertreiben.

Stimmengleichheit

Die Anzahl der stimmberechtigten Wohnungseigentümer, die in der Eigentümerversammlung anwesend sind, ist ausschlaggebend für die Berechnung der Stimmenmehrheit. Das bedeutet, dass nicht etwa die Anzahl aller Wohnungseigentümer für die Mehrheit ausschlaggebend ist, sondern nur die Anzahl derer, die an der Eigentümerversammlung teilnehmen. Ein Antrag gilt dann als abgelehnt, wenn es zu einer Pattsituation, zu Stimmengleichheit, kommt. In diesem Fall ist der Beschluss nicht zustande gekommen.

Wichtig: Ist die Eigentümerversammlung durch eine sich immer wiederholende Stimmengleichheit blockiert, so muss das Gericht entscheiden. Hierfür ist das Amtsgericht zuständig, in dessen Bezirk die Wohnanlage liegt. Solche Blockaden der Verwaltung können insbesondere bei kleineren Eigentümergemeinschaften eintreten. Ein Fallbeispiel hierfür wäre eine Wohnungsanlage, die aus zwei gleich großen Einheiten besteht. Deren Eigentümer liegen im Zwist und blockieren sich daher bei der Abstimmung gegenseitig.

Stimmrecht bei Mehrhauswohnanlagen

Eine so genannte Mehrhauswohnanlage ist dann gegeben, wenn mehrere auf einem Grundstück errichtete Wohngebäude in Wohnungseigentum aufgeteilt sind. Es gibt also mehrere selbstständige Gebäude innerhalb einer Eigentümergemeinschaft. Hierbei ist es ohne Belang, ob diese als Reihenhäuser errichtet sind oder frei stehen. Für Beschlüsse über Angelegenheiten, die nur eine Gruppe von Wohnungseigentümern betrifft, ist das Stimmrecht auf diejenigen Beteiligten zu beschränken, die hiervon auch betroffen sind (BGHZ 74, 258). Hauptanwendungsfälle sind Beschlüsse, die Fragen des Gebrauchs und der Nutzung (OLG Stuttgart WEM 85, 77) regeln. Dies ist z. B. dann der Fall, wenn Beschluss gefasst werden soll über die Erlaubnis, eine Wohnung als Gewerberaum oder für freiberufliche Zwecke nutzen zu dürfen, oder über die Nutzung der Waschküche eines Wohnblocks, die nur zum Gebrauch dieses Wohnblocks bestimmt ist (BayObLG WEM 81, 38). Solche Fragen können deshalb in einer Teilversammlung entschieden werden. Die restlichen Wohnungseigentümer haben keinen Anspruch auf Einladung zu einer solchen Teilversammlung und sie dürfen sich an dieser nicht beteiligen.

Ruhen des Stimmrechts

Das Stimmrecht kann ruhen, wenn die Ausübung des Stimmrechts wegen einer Interessenskollision ausgeschlossen ist. Dies ist z. B. dann der Fall, wenn mit dem betreffenden Wohnungseigentümer beispielsweise ein Verwaltungsvertrag abgeschlossen werden soll oder wenn eben dieser gekündigt werden soll. Das Stimmrecht ist auch dann ausgeschlossen, wenn ein Rechtsstreit von der Wohnungseigentümergemeinschaft gegen ihn eingeleitet werden soll. Ist ein Wohnungseigentümer von der Abstimmung ausgeschlossen, so kann er trotzdem an der Versammlung teilnehmen. Dieses Verbot der Stimmrechtsausübung kann nicht durch eine Vereinbarung modifiziert werden.

In der Gemeinschaftsordnung kann aber festgelegt werden, dass das Stimmrecht eines Wohnungseigentümers ruht, wenn ein wichtiger Grund vorhanden ist, wie z. B. ein Rückstand bei den Hausgeldzahlungen von mehr als einem Monat. Solche Stimmrechtseinschränkungen, die von großer Bedeutung sein können, sind von der Eigentümergemeinschaft mit größter Zurückhaltung zu behandeln.

Praxis-Tipp:

Die Wohnungseigentümer, deren Stimmrecht ruht, können trotzdem an der Eigentümerversammlung teilnehmen und sich an der Diskussion beteiligen.

Für den Fall, dass ein von der Abstimmung ausgeschlossener Wohnungseigentümer dennoch an der Abstimmung mitwirkt, so ist der Beschluss auf Antrag für ungültig zu erklären, wenn seine Stimme für das Abstimmungsergebnis entscheidend war (BayObLG ZMR 80, 148).

Wichtig: Der Wohnungseigentümer, der vom Ruhen des Stimmrechts betroffen ist, kann die von der Eigentümerversammlung gefassten Beschlüsse aber anfechten oder bestimmte Maßnahmen herbeiführen. Hierbei ist er jedoch nur zur Kontrolle der Beschlüsse nach den Grundsätzen der ordnungsgemäßen Verwaltung befugt, und er darf die Beschlüsse nicht auf ihre Zweckmäßigkeit kontrollieren.

Die Beschlussfähigkeit

Die Beschlussfähigkeit der Eigentümerversammlung ist nur dann gegeben, wenn die erschienenen und zulässig vertretenen Wohnungseigentümer mehr als die Hälfte der Miteigentumsanteile vertreten (KG OLGZ 74, 419; BayObLG WM 1994, 105). Wenn ein Wohnungseigentümer von der Abstimmung ausgeschlossen ist, so ist dieser bei der Feststellung der Beschlussfähigkeit zu dem betreffenden Beschluss nicht mitzurechnen (BayObLG WE 89, 64). Wenn nun mehr als die Hälfte der Wohnungseigentümer von der Abstimmung ausgeschlossen ist, so ist jedenfalls die Hälfte der nicht ausgeschlossenen Wohnungseigentümer beschlussfähig (BayObLG ZMR 88, 149). In der Gemeinschaftsordnung können jedoch die Wohnungseigentümer eine abweichende Vereinbarung zur Beschlussfähigkeit treffen (BayObLGZ 81, 50). So kann z. B. beschlossen werden, dass jede Versammlung ohne Rücksicht auf die Zahl der anwesenden, vertretenen Eigentümer beschlussfähig ist oder dass nur Inhaber von 3/4 aller Miteigentumsanteile beschlussfähig sein sollen.

Zu Beginn der Versammlung hat der Vorsitzende die Beschlussfähigkeit zu prüfen und festzustellen.

Achtung: Die Voraussetzungen der Beschlussfähigkeit müssen zum Zeitpunkt jeder einzelnen Abstimmung noch vorliegen (BayObLG WE 89, 64; BGH WM 2002, 624). Insofern kann eine Versammlung ihre Beschlussfähigkeit dann verlieren, wenn ein Teil der Wohnungseigentümer die Versammlung verlässt. In solchen Fällen sollte vor der nächsten Abstimmung die Feststellung der Beschlussfähigkeit beantragt werden.

Beispiel:

Nach der anfänglichen Feststellung der Beschlussfähigkeit der Versammlung verlassen mehrere Miteigentümer den Versammlungsort, bevor noch über einige ausstehende Tagesordnungspunkte abgestimmt werden konnte. Hierdurch ist die Mehrheit der Miteigentumsanteile nicht mehr vertreten, so dass die Versammlung nicht mehr beschlussfähig ist. Wird nun, wenn nur noch weniger als die Hälfte der Miteigentumsanteile vertreten sind, ein Beschluss gefasst, so ist dieser gefasste Beschluss anfechtbar (BayObLGZ 81, 50).

Praxis-Tipp:

Wenn der Fall eingetreten ist, dass mehrere Wohnungseigentümer den Versammlungsort verlassen haben, sollten Sie beantragen, dass nun erneut die Beschlussfähigkeit der Versammlung festzustellen ist. Dies ist zwar ein ärgerliches und zeitraubendes Verfahren, aber es gibt der Eigentümerversammlung die Sicherheit, dass sie eventuell noch beschlussfähig ist.

Dieses Verfahren der erneuten Feststellung der Beschlussfähigkeit lässt sich aber dadurch umgehen, dass die einmal festgestellte Beschlussfähigkeit durch Festhalten der neu erscheinenden sowie der raumverlassenden Eigentümer ständig mitgeschrieben wird. Mit dieser Aufgabe kann ein Mitglied des Verwaltungsbeirats beauftragt werden.

Die Eigentümerversammlung, die beschlussunfähig ist, kann dadurch gerettet werden, dass der Verwalter nach der ersten Versammlung eine neue Versammlung mit dem gleichen Gegenstand, also den gleichen Tagesordnungspunkten, einberuft. Diese erneute Versammlung ist dann ohne Rücksicht auf die Zahl der erschienenen oder vertretenen Wohnungseigentümer beschlussfähig, wenn hierauf im Einberufungsschreiben hingewiesen wurde. Die Zweitversammlung ist beschlussfähig und die dort gefassten Beschlüsse können auch nicht wegen des Fehlens dieses Hinweises auf die Einberufung einer Zweitversammlung anfechtbar werden. Beschlüsse, die zum ersten Mal für die Zweitversammlung angekündigt wurden, sind zulässig.

Eine gleichzeitige Einberufung der zweiten mit der ersten Versammlung ist unwirksam, da den Einberufenen Gelegenheit zur Vorbereitung gegeben werden soll. Ausnahmsweise ist eine solche Eventualeinberufung zulässig, wenn sie durch die Gemeinschaftsordnung oder einen verbindlichen Mehrheitsbeschluss der Eigentümerversammlung für zulässig erklärt worden ist.

Praxis-Tipp:

Die Beschlüsse einer beschlussunfähigen Eigentümerversammlung sind jedoch nur anfechtbar, aber nicht nichtig (BayObLG WE 88, 205). Werden solche Beschlüsse einer beschlussunfähigen Eigentümerversammlung nicht angefochten und vom Gericht nicht für ungültig erklärt, so sind sie verbindlich.

Der schriftliche Beschluss

Die Wohnungseigentümer können ausnahmsweise in ihrer Gesamtheit auch ohne Versammlung einen gültigen Beschluss treffen. Hierbei muss jeder einzelne Wohnungseigentümer seine Zustimmung zu diesem Beschluss im so genannten Umlaufverfahren schriftlich erklären. Der schriftliche Beschluss ist erst dann wirksam, wenn die letzte Einverständniserklärung beim Verwalter vorliegt. Für einen solchen Beschluss ist aber auch immer Einstimmigkeit erforderlich. Der Beschluss kommt somit erst dann zustande, wenn ihm alle Wohnungseigentümer zustimmen. Die Initiative für einen solchen schriftlichen Beschluss kann sowohl von jedem einzelnen Eigentümer als auch vom Verwalter ausgehen.

Praxis-Tipp:

Im schriftlichen Beschlussverfahren müssen grundsätzlich alle Wohnungseigentümer dem Beschluss zustimmen. Dies gilt auch dann, wenn diese Angelegenheit normalerweise mit Stimmenmehrheit in der Eigentümerversammlung hätte entschieden werden können. Diese strenge Anforderung an den Beschluss ist damit zu begründen, dass die Formalien entfallen, die normalerweise für die Einberufung einer Eigentümerversammlung gelten.

Beschlusstexte von größeren Instandhaltungs- und Instandsetzungsarbeiten

Für derartige Beschlusstexte ist eine konkrete Vorformulierung kaum möglich, da die individuellen Besonderheiten des Einzelfalls, die Ihre wirtschaftlichen Interessen berühren, hierbei zu berücksichtigen sind. Dies macht eine Vorformulierung kaum möglich. In der folgenden Checkliste finden Sie aber sämtliche Punkte, auf die Sie achten sollten.

Checkliste:
Instandhaltungs- und Instandsetzungsarbeiten

Grundlage

- Erforschung der Art und des Umfangs der Arbeiten
- Erforschung der Notwendigkeit und Dringlichkeit
- Erforschung der Finanzierungsmöglichkeit
- Diskussion der Pläne mit dem Verwaltungsbeirat

noch: Checkliste: Instandhaltungs- und Instandsetzungsarbeiten

Beschlussverfahren

- Einberufung zur Eigentümerversammlung
- Beschluss über notwendige Arbeiten, besonders in Hinblick auf: Umfang, Konsultation von Fachleuten, Zeitpunkt der Arbeitsausführung, Finanzierungsmöglichkeiten, Einholen von Kostenvoranschlägen, Nebenkosten
- Beschluss über Auftragserteilung im Hinblick auf Auswahl des Unternehmers, Leistungsumfang, Vertragsmodus, Termine und Fristen, Gewährleistung und Vertragsstrafen, Sicherheiten, Kontrolle und Abnahme der Arbeit, Einbehalte, Beweissicherungsverfahren, Mängelrügen, Zahlung und Zahlungsmodalitäten, Reisekosten des Verwalters
- Bericht des Verwalters über die Durchführung und den Ablauf der Instandhaltungs- und Instandsetzungsarbeiten

Die Tagesordnung und ihre Beschlussgegenstände

Damit die Eigentümerversammlung gültig über einen Beschluss entscheiden kann, muss der Gegenstand des Beschlusses bei der Einberufung bezeichnet worden sein. Insofern kommt der Einberufung bzw. dem Ladungsschreiben zur Eigentümerversammlung eine besondere Bedeutung zu. Denn das Ladungsschreiben bereitet die Eigentümerversammlung vor und soll die Versammlungsteilnehmer in die Lage versetzen, dass sie sich auf die Versammlung vorbereiten können. Somit sind im Ladungsschreiben alle mitwirkungsberechtigten Personen, d. h. die Eigentümer, dahingehend zu informieren, welche Beschlussgegenstände von ihnen entschieden werden sollen. Für die Eigentümerversammlung ergibt sich somit aus den angekündigten Beschlussgegenständen die Tagesordnung.

In der Regel muss aber nicht der Wortlaut der Beschlussanträge mitgeteilt werden. Dies ist schon deshalb nicht möglich, weil eine genaue Formulierung des Beschlussantrags erst in der Eigentümerversammlung erfolgt und die Versammlung hierüber abstimmen soll. Es muss den mitwirkungsberechtigten Personen aber das Wissen vermittelt werden, zu welchem Gegenstand oder Thema Beschluss gefasst werden soll. Hierbei ist insbesondere das Informationsbedürfnis der Wohnungseigentümer abzudecken. Sie müssen durch das Beschlussthema in der Lage sein, sich auf dieses Thema gründlich vorzubereiten. Es ist ihnen zu ermöglichen, sich konkret zu entscheiden, ob ihre Teilnahme an der Eigentümerversammlung zur Wahrnehmung ihrer Interessen notwendig ist. Überraschungsentscheidungen sollen also vermieden werden. Andererseits müssen die Eigentümer nicht auf alle konkreten Einzelheiten der in Betracht kommenden Beschlussfassung hingewiesen werden. In der Eigentümerversammlung soll noch Raum und Platz für Information und Diskussion gegeben werden.

Eine schlagwortartige Bezeichnung des vorgesehenen Beschlussthemas reicht dann aus, wenn

- der gegenständliche Inhalt der möglichen Beschlussfassung zum Ausdruck kommt, wie z. B. „Abberufung des Verwalters aus wichtigem Grund", „Wahl eines neuen Verwalters";
- eine der Gemeinschaft wohl bekannte Situation damit verbunden wird, z. B. „Instandsetzung des Daches", wenn ein bestimmter Mangel bereits bekannt ist.

Diese beiden allgemeinen Grundsätze vermitteln allerdings wenig für die praktische Handhabe dieser Vorschrift. Hierfür kann der Blick auf gerichtliche Einzelentscheidungen Hilfe geben. Somit kann man für den Einzelfall leichter entscheiden, ob ein Beschlussgegenstand konkret genug bezeichnet worden ist.

Rechtsprechungsüberblick	
Bezeichnung des Beschlussgegenstands	**Beurteilung**
„Straßenbau" BayObLG MDR 73, 584	Eine solche Bezeichnung ist ausreichend, wenn der mangelhafte Ausbau durch die Gemeinde schon früher ein Gegenstand der Beratung war und in der einberufenen Versammlung der Verwalter und weitere Personen ermächtigt werden, hinsichtlich des Straßenausbaus geeignet erscheinende Maßnahmen zu ergreifen.
„Hausfassade, Rückseite" BayObLG MDR 73, 584	Eine solche Bezeichnung ist ausreichend, wenn die Wohnungseigentümer durch den Verwalter schon vorher in einem Rundschreiben von der Schadhaftigkeit der Fassade in Kenntnis gesetzt wurden und in der Eigentümerversammlung beschlossen wird, Gewährleistungsansprüche gegen den Bauunternehmer wegen der Mängel der Fassade gerichtlich geltend zu machen.
„Wohngeld Dr. B." BayObLG MDR 73, 584	Diese Bezeichnung genügt, wenn alle Wohnungseigentümer wissen, dass „Dr. B." eine Kürzung des Wohngelds angekündigt hatte, und in der Versammlung eine gerichtliche Geltendmachung des einbehaltenen Wohngelds beschlossen wird.
„Wahl eines Verwalters ab dem 01. 07. 1979" BayObLG MDR 82, 58	Durch diese Bezeichnung wird nicht nur die Wahl des Verwalters abgedeckt, sondern auch eine Beschlussfassung, welche die wesentlichen Bedingungen des Verwaltervertrags betrifft.
„Der Vertrag mit dem Verwalter läuft am 31. 12. 1981 aus. Abstimmung der Gemeinschaft über Verlängerung bzw. Erneuerung unter bestimmten Änderungen. Bevollmächtigung des Beirats zu detailliertem Vertragsabschluß." BayObLG WM 85, 100	Diese Bezeichnung genügt, um für eine höhere Vergütung Beschluss zu fassen, da die Erneuerung des Verwaltervertrags auch als eine Erhöhung der Verwaltervergütung, in angemessener Höhe, zu verstehen ist.

noch: Rechtsprechungsüberblick

Bezeichnung des Beschlussgegenstands	Beurteilung
„Erstellung von dringend notwendig gewordenen Stellplätzen" OLG Stuttgart NJW 74, 2137	Diese Bezeichnung ist ausreichend, wenn die Problematik der Abstellplätze in einem vorausgehenden Rundschreiben erörtert wurde und den Wohnungseigentümern die erteilte Baugenehmigung mitgeteilt wurde. Insofern ist bei der Bezeichnung des Beschlussgegenstands keine Angabe darüber notwendig, wie viele und welche Stellplätze wo angelegt und wem sie unter welchen Bedingungen zugewiesen werden sollen.
„Vertragsschluß mit neuer Hausverwaltung" BayObLG ZMR 87, 191	Mit dieser Bezeichnung wird selbst die Wiederwahl des Verwalters abgedeckt, der sein Amt gekündigt hat.
„Beschlußfassung über Verwalterwechsel" BayObLG DWE 82, 137	Diese Bezeichnung deckt auch eine Beschlussfassung über die Bedingungen mit dem neuen Verwalter ab.
„Wärmeisolierung der Hausaußenwand" OLG Frankfurt Beschl. v. 08. 04. 1990, OLGZ 80, 418	Eine solche Bezeichnung reicht für die Beschlussfassung aus, dass die Außenwand wärmeisoliert werden soll. Die Wohnungseigentümer können sich nicht darauf berufen, dass eine Abstimmung zu dieser Frage nicht beabsichtigt gewesen ist.
„Reinigung des Treppenhauses" AG Lüdenscheid WM 85, 35	Diese Bezeichnung erlaubt die Regelung, dass nicht mehr einzelne Haushalte nach einem Reinigungsplan reinigen, sondern durch eine Eigentümerin gegen Entgelt geputzt wird. Es ist nicht nur eine kostenneutrale Entscheidung durch die Ankündigung gedeckt.
„Anstricharbeiten im Bereich der Balkone, soweit diese in den Bereich des Wohnungseigentums fallen." LG Flensburg DWE 89, 70	Hierdurch wird ein Beschluss gedeckt, der die Eigentümergemeinschaft mit den Kosten im Bereich der Balkone zur Sanierung ihrer tragenden Teile einschließlich der Isolierungsschicht, des Fensteranstrichs und des Oberflächenanstrichs belastet.
„Genehmigung des Wirtschaftsplans für einen abgelaufenen Zeitraum" KG WM 90, 367	Durch diese Bezeichnung wird auch eine weitere Beschlussfassung abgedeckt, wonach der Wirtschaftsplan fortgesetzt werden soll, bis ein neuer Wirtschaftsplan beschlossen ist.

noch: Rechtsprechungsüberblick

Bezeichnung des Beschlussgegenstands	Beurteilung
	Eine solche Beschlussfassung bedarf keiner besonderen Vorbereitung.
„Beschlußfassung über den Wirtschaftsplan" BayObLG WM 91, 312	Hierdurch wird abgedeckt, dass über die anteilsmäßige Verpflichtung der Wohnungseigentümer zur Lasten- und Kostentragung einschließlich der Instandhaltungsrückstellung entschieden wird. Ebenfalls ist eine Beschlussfassung, die lediglich die Wohngeldzahlungen in der bisherigen Höhe bestimmt, damit ausreichend angekündigt.
„Verlängerung des Verwaltervertrags" BayObLG WM 92, 331	Diese Bezeichnung schließt eine Beschlussfassung zur Neubestellung des bisherigen Verwalters ein.
„Finanzierung der Schwimmbadrenovierungsmaßnahmen" AG München DWE 91, 80	Diese Bezeichnung ist ausreichend, wenn der Ladung ein Schwimmbadbericht beigefügt ist, der die Finanzierungslücke feststellt und erörtert, wie diese Lücke teilweise durch die Aufnahme eines Kredits geschlossen werden kann.
„Genehmigung des Beschlusses Tagesordnungspunkt 5, 4 vom 17. 03. 1989 über die Aufnahme eines Kontokorrentkredits bis zur Höhe von DM 10.000,–" OLG Hamm DWE 92, 35	Diese Bezeichnung ist ausreichend, wenn allen Wohnungseigentümern bekannt ist, dass der Sollstand der Gemeinschaft bei der Bank DM 2.525,26 betrug und diese sich weigerte, Schecks und Überweisungen einzulösen.
Es folgen Gerichtsentscheidungen über Beschlüsse, die im Ladungsschreiben für die Eigentümerversammlung nicht ausreichend angekündigt wurden:	
„Antrag auf Verbreiterung der Terrasse des Raumeigentümers H." BayObLG WM 89, 202	Diese Bezeichnung war nicht ausreichend, da der Beschluss gefasst worden ist, dass die Terrassen der Wohnungseigentümer H. und K. verbreitert und die Treppe seitlich gelegt werden soll.
„Änderung der Hausordnung" OLG Köln DWE 88, 24	Hierdurch wird nicht die Änderung der Hausordnung zu einzelnen Punkten abgedeckt, wenn diese sich aus einer großen Zahl von Verhaltensnormen in 15 Gruppen zusammen-

noch: Rechtsprechungsüberblick

Bezeichnung des Beschlussgegenstands	**Beurteilung**
	setzt. Für die ausreichende Bezeichnung wäre es notwendig gewesen, den Punkt der Hausordnung zu bezeichnen, der mit der vorhergehenden Beschlussfassung geändert werden soll.
„Wohngelderhöhung" BayObLG DWE 79, 59	Diese Bezeichnung ließ nicht genügend erkennen, dass das Wohngeld nicht allgemein erhöht werden sollte, sondern nur für einen Ladeneigentümer. Diese Ankündigung deckte daher nicht die Beschlussfassung, denn es sollte ausschließlich ein Ladeneigentümer mit einer Erhöhung von 50 % belastet werden.
„Anregungen von Wohnungseigentümern zur Vermietung" OLG Frankfurt WM 90, 461	Diese Bezeichnung ist so unpräzise und schwammig, dass ein der Versammlung ferngebliebener Eigentümer nicht mit einem Beschluss rechnen muss, welcher eine Umzugskostenpauschale einführt.
„Verschiedenes" KG OLGZ 74, 399	Unter dieser Bezeichnung kann kein Beschluss zur Abberufung des Verwalters gefasst werden.
„Verschiedenes" BayObLG ZMR 85, 29	Diese Bezeichnung deckt keine Beschlussfassung, welche die Verwendung eines gemeinschaftlichen Tischtennisraums als Geräteraum bestimmt. Dies auch dann nicht, wenn man der Auffassung ist, dass ein Tagesordnungspunkt „Verschiedenes" die Willensbildung zu untergeordneten Angelegenheiten zulässt.
„Verschiedenes" AG Hamburg DWE 89, 78	Eine solche Bezeichnung lässt überhaupt keine Beschlussfassung zu.
„Verschiedenes" BayObLG WM 90, 321	Unter dieser Bezeichnung kann kein Beschluss über den Standort eines Müllcontainers gefasst werden, denn die von diesem Müllcontainer ausgehenden Lärm- und Geruchsbelästigungen betreffen die einzelnen Wohnungseigentümer unterschiedlich stark. Insofern konnte keiner der geladenen Eigentümer sich auf die Beschlussfassung einstellen.

noch: Rechtsprechungsüberblick

Bezeichnung des Beschlussgegenstands	Beurteilung
„Verschiedenes" BayObLG NJW–RR 87, 1463	Die Bezeichnung „Verschiedenes" bestimmt nicht einmal schlagwortartig den Beschlussgegenstand. Insofern kann auch keine Beschlussfassung gedeckt sein, wonach z. B. die Waschmaschine und der Wäschetrockner nur zu bestimmten Tageszeiten benutzt werden dürfen. Nur in Ausnahmefällen können Angelegenheiten von ganz untergeordneter Bedeutung, mit deren Erörterung jeder Eigentümer rechnen kann, durch diese Bezeichnung gedeckt sein.
„Konkretisierung der Hausordnung hinsichtlich der Benutzung des Kellerraums im Einzelfall – Diskussion und Beschlußfassung" OLG Köln WM 91, 615	Eine solche Bezeichnung lässt nur eine Entscheidung zur Benutzung der Kellerräume zu. Nicht jedoch eine berufliche Nutzung, die ein bestimmtes Sondereigentum schlechthin betrifft.
„Verschiedene Anträge" BayObLG WM 92, 90	Mit dieser Bezeichnung können nur Beschlüsse von geringer Bedeutung gefasst werden. Insofern ist kein Beschluss angekündigt, der einen Raumeigentümer zu einer Zahlung von 500 EUR verpflichtet. Dies auch dann nicht, wenn die der Verpflichtung zugrunde liegenden Kosten schon unter einem anderen angekündigten Tagesordnungspunkt beraten wurden.

Achtung: Dieser Überblick von Gerichtsentscheidungen kann Ihnen ein Gefühl darüber vermitteln, wie genau Beschlüsse angekündigt werden müssen und was man alles unter dem angekündigten Beschluss verabschieden kann.

Leitung, Protokoll, Kosten

Die Wohnungseigentümerversammlung soll zur Gestaltung der wichtigsten Mitgliedschaftsrechte der Wohnungseigentümer beitragen. In ihr entscheiden die Wohnungseigentümer über den Gebrauch von Gemeinschafts- und Sondereigentum, über die Verwaltung des gemeinschaftlichen Eigentums und über alle ihr zugewiesenen Angelegenheiten durch Beschluss. Die Eigentümerversammlung dient jedoch nicht nur zur Beschlussfassung, sondern auch zum Informationsaustausch zwischen den Wohnungseigentümern. Diese Möglichkeit zur Information und Diskussion ist ein Grundrecht der Wohnungseigentümer, welches der Verwalter ihnen in der Versammlung zu ermöglichen hat.

Nichtöffentlichkeit der Versammlung

Die Wohnungseigentümerversammlung darf keinesfalls öffentlich stattfinden. Jeglicher Fremdeinfluss soll von ihr ferngehalten werden, so dass die Versammlung ungestört durchgeführt werden kann und die Angelegenheiten der Wohnungseigentümer nicht unnötig in die Öffentlichkeit getragen werden. Insofern besteht für die Nichtöffentlichkeit der Versammlung ein schutzwürdiges Interesse der Wohnungseigentümer. Dieser Grundsatz ist beispielsweise dann verletzt, wenn die Eigentümerversammlung im offenen Gastraum einer Gaststätte, in der sich noch weitere Gäste aufhalten, stattgefunden hat. Wenn in einer solchen Öffentlichkeit Beschlüsse gefasst werden, dann sind diese anfechtbar. Es sei denn, dass die Eigentümerversammlung durch Mehrheitsbeschluss die Teilnahme von Gästen an der Versammlung zugelassen hat. Diese dürfen den Inhalt der Beschlüsse nicht beeinflussen. Das Öffentlichkeitsverbot schließt aber grundsätzlich nicht aus, dass die Teilnehmer an der Eigentümerversammlung z. B. in Begleitung ihrer Ehegatten erscheinen können oder einen Berater hinzuziehen.

Die Versammlungsleitung

Der Verwalter hat den Vorsitz und leitet die Versammlung, es sei denn, die Versammlung beschließt etwas anderes. Einen abweichenden Beschluss bezüglich der Versammlungsleitung kann die Eigentümerversammlung mit Mehrheitsbeschluss fassen. Der Versammlungsleiter kann eine ordnungsgemäß einberufene und beschlussfähige Versammlung nicht auflösen. Wenn der Versammlungsleiter aber dennoch eine Eigentümerversammlung rechtswidrig auflöst und einzelne Wohnungseigentümer die Versammlung danach verlassen, können keine unanfechtbaren Beschlüsse gefasst werden.

Des Weiteren entscheidet der Versammlungsleiter über die Annahme oder Ablehnung der Anträge. Bezüglich der Versammlungsleitung gilt ebenfalls der Grundsatz der ordnungsgemäßen Verwaltung. So kann ein zur Tagesordnung gefasster Beschluss schon deshalb anfechtbar sein, weil er aufgrund einer Entscheidung zur Versammlungsleitung entstanden ist, die unter den gegebenen Umständen inhaltlich einer ordnungsgemäßen Verwaltung widerspricht. Die Eigentümerversammlung kann keinen Beschluss darüber fassen, wer in den künftigen Versammlungen den Vorsitz haben soll.

Grundsätzlich können nach dem WEG folgende Personen die Versammlung leiten:

- der von der Gemeinschaft bestellte und beauftragte Verwalter
- der vom Gericht bestellte Notverwalter
- der von der Eigentümerversammlung für die Versammlung gewählte Versammlungsleiter

Der Verwalter leitet aber die Versammlung nur so lange, bis durch die Versammlung etwas anderes bestimmt wird, also ein anderer Versammlungsleiter gewählt wird. Dies gilt auch für den gerichtlich bestellten Notverwalter. Auch ihm kann die Versammlungsleitung durch die Eigentümerversammlung entzogen werden (KG WM 88, 416).

Aufgaben des Versammlungsleiters

Aufgabe des Versammlungsleiters ist es festzustellen, ob die Inhaber von mehr als der Hälfte aller Miteigentumsanteile erschienen oder vertreten sind. Der Versammlungsleiter hat so die Beschlussfähigkeit der Versammlung festzustellen. Wenn diese Versammlung jedoch nicht beschlussfähig ist, beruft der Verwalter, nach den genannten Voraussetzungen, eine Zweitversammlung mit der gleichen Tagesordnung ein. Diese ist dann unabhängig von der Zahl der erschienenen oder vertretenen Wohnungseigentümer beschlussfähig. Eine solche Eventualeinberufung ist jedoch im Zweifelsfall nicht zulässig, wenn die Zweitversammlung kurze Zeit nach Beginn der Erstversammlung stattfinden soll.

Das Protokoll

Über die Wohnungseigentümerversammlung ist ein Protokoll zu fertigen, für welches der Versammlungsleiter verantwortlich ist. In einem solchen Protokoll müssen schon aus Beweisgründen folgende Daten enthalten sein:

Inhalt eines Protokolls

Grunddaten

- Die Wohnungseigentümergemeinschaft, deren Mitglieder zur Versammlung geladen wurden. Hierbei ist es ausreichend, dass die Wohnungseigentümer über die ihnen gehörenden Grundstücke bezeichnet werden und die angrenzenden Straßen mit ihren Hausnummern benannt werden. Im Falle einer Teilgemeinschaft muss dies ebenfalls kenntlich gemacht werden.

noch: Inhalt eines Protokolls

- Ort der Versammlung
- Zeitpunkt der Versammlung nach Tag und Tageszeit
- Versammlungsleiter

Daten zu Wohnungseigentümern

- persönlich erschienene Wohnungseigentümer (wenn ein Wohnungseigentümer auch für andere Wohnungseigentümer an der Versammlung teilnehmen will, muss dies durch einen entsprechenden Zusatz im Protokoll festgehalten werden)
- Personen, die ein Vertretungsrecht für nicht anwesende Wohnungseigentümer in Anspruch nehmen
- Personen, die unter Berufung auf ein ihnen an dem Wohnungseigentum zustehendes dingliches Nutzungsrecht ein Stimmrecht oder jedenfalls ein Teilnahmerecht in Anspruch nehmen
- ein Zwangsverwalter, der für den Inhaber eines der Zwangsverwaltung unterliegenden Wohnungseigentums teilnimmt
- ein Insolvenzverwalter, der für einen Wohnungseigentümer handelt, über dessen Vermögen das Insolvenzverfahren eröffnet worden ist
- ein Zwangsverwalter, wenn die Wohnung unter Zwangsverwaltung gestellt und dem Eigentümer die Verwaltung untersagt ist
- die Personen, die ein Vertretungsrecht für juristische Personen, also GmbH oder BGB-Gesellschaft usw., in Anspruch nehmen
- Mitglieder des Verwaltungsbeirats, die keine Wohnungseigentümer sind
- Personen, die sich auf ein Anwartschaftsrecht zum Erwerb einer Eigentumswohnung berufen und an den Beschlussfassungen teilnehmen wollen

Mit dieser Feststellung und Beurkundung der Personen, die an der Versammlung mitwirken wollen, ist aber noch keineswegs entschieden, dass sie auch teilnahme- und abstimmungsberechtigt sind.

Praxis-Tipp:

Bei größeren Wohnungseigentümergemeinschaften kann es zweckmäßig sein, die erschienenen Personen in einer besonderen Teilnehmerliste zu erfassen. Dieses Teilnehmerverzeichnis kann als Anlage mit einem entsprechenden Vermerk versehen zum Versammlungsprotokoll hinzugenommen werden.

Ebenso ist es empfehlenswert, die vorgelegten Vollmachtsurkunden als Anlage zum Protokoll zu nehmen. Viele Gemeinschaftsordnungen schreiben dieses Verfahren vor. Es ist aber auch dann empfehlenswert, wenn eine solche Regelung fehlt.

Wird das Stimmrecht nicht nach dem Kopfprinzip ausgeübt, sondern nach dem Wertprinzip, so ist es zweckmäßig, die Stimmkraft (die Höhe der Miteigentumsanteile) schon hinter den als erschienen aufgeführten Personen zu vermerken. Für dieses Vorgehen empfiehlt sich wiederum, die Teilnehmerliste dem Protokoll hinzuzufügen.

Eröffnung der Versammlung

Nachdem im Protokoll die erschienenen Personen beurkundet sind, eröffnet der Vorsitzende die Versammlung. Hierbei stellt der Versammlungsleiter fest, ob die Einberufungsbestimmungen beachtet wurden. Diese ordnungsgemäße Einberufung der Versammlung ist sodann im Protokoll festzuhalten, sofern sie keinen Widerspruch erfährt. Ein solcher Widerspruch wäre dann ebenfalls in das Protokoll aufzunehmen.

Niederschrift des Protokolls

Die Niederschrift des Protokolls ist Pflicht. Dadurch entsteht aber noch keine öffentliche Urkunde. Als Mindestinhalt muss das Protokoll die gefassten Beschlüsse in der so genannten Ergebnisniederschrift festhalten. Dies ist von daher wichtig, da neue Wohnungseigentümer an die früheren Beschlüsse der Eigentümerversammlung gebunden sind und ihnen so der Inhalt der früheren Eigentümerversammlungen zugänglich gemacht wird. Da das Protokoll aber nicht nur über den Inhalt und das Zustandekommen der Beschlüsse informieren soll, sondern auch eine Auslegung der Beschlüsse ermöglichen muss, ist es ratsam, über ein so genanntes Ergebnisprotokoll hinaus den Ablauf der Versammlung in einem Ablaufprotokoll festzuhalten. Dies ist allein schon für das Verständnis der Beschlüsse von Bedeutung und dient darüber hinaus Beweiszwecken. Dem Verfasser des Protokolls ist hinsichtlich des Protokollinhalts ein gewisser Ermessensspielraum eingeräumt. Wie er das Ablaufprotokoll inhaltlich gestaltet, bleibt ihm überlassen, es muss lediglich der gesetzliche Mindestinhalt darin festgeschrieben sein. Ebenso bleibt es dem Protokollführer überlassen, wie er Diskussionen niederschreibt, zu welchen kein Beschluss gefasst wurde. Des Weiteren sollte das Protokoll keine Wertungen oder diskriminierenden Feststellungen enthalten.

Checkliste: Protokoll

- Bezeichnung der Eigentümergemeinschaft
- Ort und Tag der Versammlung
- Vorsitzender der Versammlung
- Feststellung der ordnungsgemäßen Einberufung
- Feststellung der Beschlussfähigkeit
- Namen der Teilnehmer
- Beschlussanträge mit den zum Verständnis erforderlichen Diskussionsbeiträgen
- Abstimmungsergebnisse (Ja- und Neinstimmen sowie Enthaltungen)
- Beschlussfeststellungen des Versammlungsleiters

Der Versammlungsleiter, der Vorsitzende des Verwaltungsbeirats oder dessen Vertreter und ein Eigentümer haben das Versammlungsprotokoll zu unterschreiben. Die Unterzeichneten übernehmen damit die Verantwortung für die Richtigkeit des Protokolls. In der Gemeinschaftsordnung kann jedoch wiederum eine abweichende Regelung getroffen werden, so dass z. B. das Protokoll von zwei Wohnungseigentümern zu unterzeichnen ist und diese Wohnungseigentümer von der Eigentümerversammlung bestimmt werden. Wenn das Protokoll die Bestellung eines neuen Verwalters enthält und dieser Verwalter der Veräußerung von Eigentumswohnungen zustimmen muss, dann sind die Unterschriften öffentlich zu beglaubigen.

Wichtig: Da die Anfechtungsfrist für die Ungültigkeitserklärung von Beschlüssen einen Monat beträgt, ist der Verwalter dazu verpflichtet, das Protokoll rechtzeitig anzufertigen, so dass es jedem Wohnungseigentümer möglich ist, die Anfechtungsfrist zu wahren. Der Verwalter muss das Protokoll schnellstmöglich den Wohnungseigentümern zur Einsicht zugänglich machen. Das Protokoll muss den Wohnungseigentümern spätestens eine Woche vor Fristablauf zugänglich sein (BayObLG WM 89, 224; OLG Frankfurt a. M. WM 90, 461). Wenn der Verwalter das Protokoll länger zurückhält, kann er schadenersatzpflichtig werden, da für die Wohnungseigentümer erst aus dem Protokoll der genaue Beschlussantrag ersichtlich wird und eine Beschlussanfechtung erst dann möglich ist. Wenn ein Wohnungseigentümer vorsichtshalber alle Beschlüsse der Wohnungseigentümerversammlung anficht, weil der Verwalter das Protokoll nicht rechtzeitig angefertigt hat, so kann der Verwalter dem Wohnungseigentümer für sämtliche daraus entstandenen Kosten haften, wenn dieser Wohnungseigentümer nach Vorliegen des Protokolls den Antrag zurücknimmt (BayObLG WM 91, 229).

Achtung: Eine Pflicht des Verwalters, den Eigentümern das Protokoll zu übersenden, besteht nicht. Eine Ausnahme besteht dann, wenn in der Gemeinschaftsordnung, im Verwaltervertrag oder mittels eines Beschlusses die Pflicht zur Übersendung festgeschrieben wird oder das Protokoll seit längerer Zeit freiwillig verschickt wird und so ein Anspruch aus Übung entsteht. Im Gegenzug haben die Wohnungseigentümer die Pflicht, sich durch Einsichtnahme in das Protokoll von den gefassten Beschlüssen Kenntnis zu verschaffen. Aus dieser Pflicht bzw. diesem Recht der Einsichtnahme folgt auch das Recht, dass sich die Wohnungseigentümer vom Protokoll Fotokopien erstellen dürfen. Das Einsichtsrecht erstreckt sich aber nicht auf die Notizen des Verwalters, die er zur Vorbereitung der Versammlung angefertigt hat.

Korrektur eines fehlerhaften Protokolls

Ist das Protokoll mit Fehlern behaftet oder unrichtig, so wird dadurch nicht die Gültigkeit der tatsächlich gefassten Beschlüsse berührt. Es kann jedoch die Korrektur eines inhaltlich fehlerhaften Protokolls verlangt werden, wenn es im Interesse des Rechtsfriedens ist. Daher kann das Protokoll nur dann korrigiert werden, wenn ein Wohnungseigentümer durch das Protokoll rechtswidrig beeinträchtigt wird oder wenn ein wichtiger Beschluss falsch protokolliert wurde. In der Gemeinschaftsordnung kann die Eigentümergemeinschaft bestimmen, dass eine bestimmte Art der Protokollierung Gültigkeitsvoraussetzung ist. Wird hiergegen später verstoßen, so führt dies zur Anfechtbarkeit des nicht ordnungsgemäß protokollierten Beschlusses. Darüber hinaus ist der Verwalter bzw. der Versammlungsleiter verpflichtet, Unrichtigkeiten im Protokoll zu berichtigen. Wenn er ein Protokoll nicht anfertigt oder das Protokoll verfälscht, so rechtfertigt dies die fristlose Abberufung des Verwalters.

Beweiskraft eines Protokolls

Wie bereits erwähnt, ist das Protokoll nur eine Privaturkunde und hat keine konstitutive Wirkung. Somit beweist das Protokoll nur die Urheberschaft des Ausstellers, aber bezüglich der Richtigkeit des Inhalts kommt dem Protokoll keine gesetzliche Beweiskraft zu. Wenn dem Protokoll nun aber auch noch die erforderlichen Unterschriften fehlen, so ändert dies nichts an der Urkundenqualität, aber es setzt die Beweiskraft des Protokolls erheblich herab. Dies ist insofern wichtig, da das Protokoll allein beweisen kann, mit welchem Wortlaut welche Beschlüsse gefasst worden sind. Somit könnten im Falle einer Anfechtung dem Antragsteller erhebliche Schwierigkeiten daraus entstehen, dass er den Wortlaut des angefochtenen Beschlusses nicht darlegen kann. Andere Beweismittel sind zwar zulässig, wie die Einvernahme von Zeugen, aber es können erhebliche Schwierigkeiten entstehen, wenn es darum geht, den Wortlaut zu rekonstruieren.

Wichtig: Erwähnt sei auch die Pflicht des Verwalters, die Protokolle ordnungsgemäß aufzubewahren, so dass sie den Wohnungseigentümern oder zukünftigen Wohnungseigentümern in der Weise zugänglich sind und die Eigentümer sich Kenntnis vom Inhalt der Protokolle verschaffen können.

Kosten der Eigentümerversammlung

Damit die Eigentümerversammlung ordnungsgemäß durchgeführt werden kann, ist sie notwendigerweise mit Kosten verbunden. Hier ist vor allem die Saalmiete und eventuell die Miete für eine Lautsprecheranlage zu erwähnen. In aller Regel sind dies Kosten, welche die Eigentümergemeinschaft dem Verwalter erstatten muss. Diese Kosten sind als Kosten der sonstigen Verwaltung von der Eigentümergemeinschaft zu tragen. Es sei denn, die Eigentümergemeinschaft hat im Verwaltervertrag mit dem Verwalter etwas anderes vereinbart, z. B., der Verwalter hat diese Kosten selbst zu tragen. Insofern ist es sinnvoll, dass Wohnungseigentümer und Verwalter im Verwaltervertrag vereinbaren, welche Vergütung der Verwalter für die Eigentümerversammlung erhält und welche Vergütung er vor allem für eine außerordentliche Eigentümerversammlung fordern kann.

Hier entsteht in der Praxis regelmäßig Streit, da für die Gebrauchsüberlassung eines Saals zur Durchführung von Wohnungseigentümerversammlungen in der Regel ein Entgelt gefordert wird und diese Aufwendungen des Verwalters von der Eigentümergemeinschaft zu erstatten sind. Dagegen kann man einwenden, dass die Durchführung von Eigentümerversammlungen zu den gesetzlichen Aufgaben des Verwalters gehört und der Verwalter für die Erfüllung seiner Aufgaben bereits entlohnt wird, so dass er eine besondere Vergütung nur dann erhält, wenn diese ausdrücklich vereinbart ist (LG Hamburg DWE 88, 14).

Das Vetorecht des Wohnungseigentümers

Beschließt die Wohnungseigentümergemeinschaft bauliche Veränderungen, so haben Sie ein Vetorecht. Dieses Vetorecht besteht für Sie, den Eigentümer, unabhängig davon, ob ein einzelner oder mehrere Eigentümer der baulichen Veränderung widersprechen, nur dann, wenn Ihnen durch das konkrete Vorhaben ein Nachteil erwächst. Dieser Nachteil muss über das bei einem geordneten Zusammenleben unvermeidliche Maß hinausgehen. In diesem Zusammenhang ist jede nicht ganz unerhebliche Beeinträchtigung ein Nachteil. Dies ist für den konkreten Einzelfall neu zu prüfen. Berücksichtigen Sie dabei immer, ob bei der baulichen Veränderung ein gemeinschaftlicher Zweck verfolgt wird oder ob es sich hierbei um einen Sonderwunsch eines einzelnen Wohnungseigentümers handelt.

Die Nachteile, die durch bauliche Veränderungen entstehen können, lassen sich, trotz der Vielfalt ihrer denkbaren Möglichkeiten, in folgende Gruppen einteilen:

- Der optische Gesamteindruck der Wohnanlage bzw. das architektonische Bild verändert sich.
- Die baulichen Veränderungen führen zu einer Beeinträchtigung der Sicherheit und der Stabilität des Hauses.
- Die Veränderungen beschränken einen Miteigentümer in seinem Recht, die Sachen, die im gemeinschaftlichen Eigentum stehen, zu gebrauchen. Dies trifft auch dann zu, wenn nur ein einziger Wohnungseigentümer in seinen Rechten beschränkt ist.

- Durch die Veränderungen wird ein erhöhtes Maß an Lärm, Schmutz oder Geruchsemissionen erzeugt.
- Für wenige einzelne Wohnungseigentümer bewirkt die Veränderung eine Verbesserung oder einen bequemeren und einträglicheren Gebrauch der im Gemeinschaftseigentum stehenden Sachen, wohingegen sich der Nutzen für die übrigen Eigentümer erschwert.
- Durch die Veränderung wird die Zweckbestimmung der betreffenden Flächen und Räume verändert.

Ein nicht unerheblicher Nachteil besteht auch bei solchen baulichen Veränderungen, welche die Wohnungseigentümer zusätzlich finanziell belasten. Dies ist vor allem dann der Fall, wenn die widersprechenden Eigentümer von der Kostentragungspflicht befreit werden. Dies trifft dann zu, wenn die Eigentümerversammlung beispielsweise beschließt, von einer Antennenanlage auf Kabelempfang umzurüsten. Die Eigentümer, die daran nicht interessiert sind, brauchen die mit der Umrüstung und mit dem Betrieb des Kabelanschlusses verbundenen zusätzlichen Kosten nicht zu tragen.

Die folgenden Punkte sind eine Zusammenstellung wichtiger Hinweise zu Praxisfällen, die in Wohnungseigentümergemeinschaften häufig zu Meinungsverschiedenheiten führen. Die Darstellung orientiert sich an den einschlägigen Gerichtsentscheidungen, kann aber lediglich als Orientierungshilfe betrachtet werden, da in der Praxis der konkret vorliegende Einzelfall geprüft werden muss. Bei Streitfällen innerhalb der Wohnungseigentümergemeinschaft ist der Gang zum Rechtsanwalt daher geboten.

Achtung: Modernisierungsmaßnahmen im Sinne des § 559 BGB oder Anpassungen des gemeinschaftlichen Eigentums an den Stand der Technik, die die Eigenart der Wohnanlage nicht verändern und keinen Wohnungseigentümer gegenüber anderen unbillig beeinträchtigen, können mit einer Dreiviertel-Mehrheit beschlossen werden (§ 22 Abs. 2 WEG).

Häufige Streitpunkte bei baulichen Veränderungen

Außenjalousien

Wenn Außenjalousien nachträglich an Fenstern und Balkontüren einzelner Wohnungen einer Wohnanlage angebracht werden, so wirkt sich dies in der Regel ungünstig auf das Gesamtbild der Anlage aus. Dies stellt für die übrigen Wohnungseigentümer einen Nachteil dar, der über das bei einem geordneten Zusammenleben unvermeidbare Maß hinausgeht. Solche baulichen Veränderungen müssen Sie nicht dulden, da sie den optischen Gesamteindruck der Wohnanlage beeinträchtigen.

Balkone

Der architektonische Gesamteindruck der Wohnanlage wird auch durch nachträgliche Vollverglasung von Balkonen geändert. Eine solche Maßnahme stellt ebenfalls eine bauliche Veränderung dar, die von den Wohnungseigentümern nicht geduldet werden muss. Dies gilt auch dann, wenn die Gemeinschaftsordnung die Balkone dem Sondereigentum zuordnet. Wird dies von den übrigen Miteigentümern gewünscht, so muss der betroffene Eigentümer die Vollverglasung wieder entfernen.

Dachgeschossausbau

Der nachträgliche, eigenmächtige Ausbau eines Dachbodenraums muss von den übrigen Wohnungseigentümern nicht geduldet werden. Dies gilt auch dann, wenn der betroffene Raum im Sondereigentum steht. Ausbauen heißt in diesem Zusammenhang, dass ein Wasseranschluss gelegt wird und die dazu gehörigen Abflussleitungen und Heizkörper installiert werden. Durch eine damit mögliche intensive Nutzung des Dachbodenraums werden die übrigen Miteigentümer in ihren Rechten beeinträchtigt. Dasselbe gilt auch für den Fall, dass eine Decke durchbrochen wird, so dass die Dachgeschossräume in die Wohnung miteinbezogen werden können.

Dachterrasse

Im Rahmen einer ordnungsgemäßen Instandhaltung und Instandsetzung des Gemeinschaftseigentums bewegt sich das Dämmen und Isolieren von Dachterrassen. Die hierfür notwendigen Arbeiten können somit auch gegen den Willen einzelner Wohnungseigentümer beschlossen werden.

noch: Häufige Streitpunkte bei baulichen Veränderungen

Energieversorgung

Eine bauliche Veränderung ist auch der Einbau einer eigenen Heizungsanlage, wenn die den Fernwärmeanschluss ersetzen soll. Das Gleiche gilt auch für die Stilllegung einer gemeinschaftlichen Gasleitung, wenn an ihrer Stelle eine Elektroheizung angeschafft wird. Werden dagegen Versorgungsleitungen in Hobby- oder Kellerräume verlegt, so handelt es sich hierbei in der Regel um Vorhaben, die einer ordnungsgemäßen Verwaltung entsprechen. Wenn Sie also z. B. eine Elektroleitung in Ihren Hobbyraum verlegen, so muss dies von den übrigen Wohnungseigentümern geduldet werden. Die betreffenden Leitungen müssen aber so verlegt werden, dass sie das Sondereigentum anderer Wohnungseigentümer nicht beeinträchtigen. Ist dies der Fall, so müssen die Wohnungseigentümer der betroffenen Wohnungen dazu ihre Zustimmung geben.

Fenster

Eine modernisierende Instandsetzung ist dann gegeben, wenn Holzfenster gegen ähnlich gestaltete Kunststofffenster ausgetauscht werden. Für solche Fälle reicht ein Mehrheitsbeschluss der Eigentümerversammlung aus. Hierbei müssen die Eigentümer unerhebliche Unterschiede in der Oberflächenstruktur und möglicherweise auch in der Farbe hinnehmen. Ebenso bewegt sich das Anstreichen der Außenseiten von Holzfenstern im Rahmen der ordnungsgemäßen Instandhaltung. Dabei sei darauf hingewiesen, dass die Außenseiten der Fenster, ebenso wie Fensterläden oder Holzverkleidungen und Balkonbrüstungen, Gemeinschaftseigentum sind. Eine nachträgliche bauliche Veränderung ist beim nachträglichen Einbau von Fenstern gegeben. Eine derartige Maßnahme muss von den übrigen Wohnungseigentümern nicht geduldet werden. Dies gilt insbesondere für den Einbau von so genannten Dachflächenfenstern. Hierbei macht es jedoch keinen Unterschied, wenn eine bisherige Dachluke ersetzt wird oder das Dachflächenfenster erstmals eingebaut wird. Eine solche Maßnahme ist immer zustimmungsbedürftig. Dies gilt auch dann, wenn durch den Fensterumbau der Gesamteindruck der Wohnanlage nicht beeinträchtigt wird und die Dachstabilität nicht in Mitleidenschaft gezogen wird.

noch: Häufige Streitpunkte bei baulichen Veränderungen

Garagen

Werden Fertiggaragen oder ein Carport auf Gemeinschaftseigentum errichtet, so wird dadurch der Gesamteindruck der Wohnanlage verändert; dies muss deshalb von den übrigen Wohnungseigentümern nicht geduldet werden.

Gartengestaltung

In der Eigentümerversammlung kann durch Mehrheitsbeschluss bestimmt werden, wie gemeinschaftliche Gartengrundstücke gestaltet werden. Dies gilt nicht, wenn in der Gemeinschaftsordnung oder in der Teilungserklärung etwas anderes verbindlich festgelegt wurde. Bei der gärtnerischen Gestaltung des Gemeinschaftseigentums ist auf die Beschaffenheit des Grundstücks und auf die Interessen der Wohnungseigentümer Rücksicht zu nehmen. Keine bauliche Veränderung ist hierbei die Anpflanzung einer Hecke. Wenn aber ein Plattenweg auf einer Rasenfläche angelegt wird, stellt dies eine bauliche Veränderung dar. Diese hält sich in der Regel im Rahmen einer modernisierenden Instandsetzung und kann somit von der Mehrheit in der Eigentümerversammlung beschlossen werden.

Hausflur/Abstellen von Kinderwägen

Fundstelle: OLG Hamm vom 03.07.2001 Aktenzeichen 15 W 444/00.

Kinderwägen dürfen vorübergehend im Flur abgestellt werden. Denn es ist für Eltern von Kleinkindern unzumutbar, wenn nicht gar unmöglich, einen Kinderwagen nach jedem Ausgang in die Wohnung zu nehmen oder ihn über eine Treppe in einen Fahrradkeller zu transportieren und erst dann mit dem Kind die Wohnung aufzusuchen. Mit „vorübergehend abstellen" ist gemeint, dass auch im Interesse der anderen Eigentümer und deren Einschränkung beim Transport von sperrigen Gütern ein Kinderwagen nicht auf Dauer im Hausflur abgestellt werden kann. D. h., dass ein Kinderwagen, der nicht gebraucht wird, in einem Fahrradkeller, sofern dieser vorhanden ist, verbracht wird, damit andere Hausbewohner nicht behindert werden. Denn es ist Eltern von Kleinkindern zuzumuten, in den Abendstunden einen Transport eines Kinderwagens in den Fahrradkeller zu organisieren.

noch: Häufige Streitpunkte bei baulichen Veränderungen

Loggia

Für Loggien gilt in aller Regel dasselbe wie für Balkone. Die Verglasung einer Loggia stellt beispielsweise ebenfalls eine bauliche Veränderung dar.

Stellplätze

Eine bauliche Veränderung ist dann gegeben, wenn Pkw-Stellplätze auf gemeinschaftlichen Flächen errichtet werden und dadurch eine Änderung der Zweckbestimmung der gemeinschaftlichen Fläche entsteht. Solchen Stellplätzen müssen deshalb alle Wohnungseigentümer zustimmen. Dies ist aber dann nicht der Fall, wenn ehemals vorhandene Abstellplätze neu eingeteilt werden. In letzterem Fall handelt es sich um eine Gebrauchsänderung, die von der Eigentümerversammlung beschlossen werden kann.

Terrassen

Das Anlegen einer eigenen Terrasse stellt eine bauliche Veränderung dar. Durch sie wird der architektonische Gesamteindruck verändert, wodurch die Zustimmung aller Wohnungseigentümer erforderlich wird. Ebenso wird der optische Gesamteindruck von einer eigenmächtig vorgenommenen Terrassenverglasung verändert. Hierfür ist ebenfalls die Zustimmung aller Wohnungseigentümer erforderlich. Vergleichbar dazu ist die Errichtung einer Pergola über einer Terrasse.

Wanddurchbruch

Werden Decken oder Wände durchbrochen, z. B. für den Einbau einer Wendeltreppe, so stellt dies einen erheblichen Eingriff in die Statik und Substanz des Gebäudes dar. Dies gilt vor allem dann, wenn es sich um tragende Wände handelt. Für solche Maßnahmen ist immer die Zustimmung aller Wohnungseigentümer notwendig, da die Maßnahme ansonsten unzulässig ist.

Wasseruhr

Wird eine Wasseruhr eingebaut, so stellt dies auch eine bauliche Veränderung dar. Ausnahmsweise ist aber hierfür nicht die Zustimmung der Wohnungseigentümer bzw. aller Wohnungseigentümer erforderlich (BayObLG NJW–RR 88, 273). Dabei entstehen den Wohnungseigentümern durch den Einbau der Wasseruhr zusätzliche Kosten, aber

noch: Häufige Streitpunkte bei baulichen Veränderungen

diese Kosten gehen nicht über das Maß hinaus, welches das einzelne Mitglied der Eigentümergemeinschaft hinzunehmen hat. Da die Vorteile einer Wasseruhr über ihre Nachteile überwiegen, kann der Einbau einer solchen Wasseruhr auch den Eigentümern zugemutet werden, die den Einbau abgelehnt haben. Denn durch die Wasseruhr kann eine verbrauchsabhängige und damit einzelfallgerechte Abrechnung erstellt werden.

Zäune

Eine bauliche Veränderung ist gegeben, wenn ein Zaun auf dem Grundstück errichtet wird. Dies gilt nicht, wenn die Umzäunung gemäß der Teilungserklärung eine Vervollständigung der Wohnanlage darstellt. Grenzen Wohnungseigentümer ihre Gartenfläche durch Maschendrahtzaun ab, so stellt dies eine bauliche Veränderung dar. Diese bauliche Veränderung muss aber von den übrigen Wohnungseigentümern geduldet werden, da Ihnen keine Nachteile daraus entstehen. Dies ist auch dann der Fall, wenn durch den Zaun ein großzügiger Charakter der Anlage verloren geht. Die Umzäunung entspricht dem natürlichen Wohnbedürfnis des Wohnungseigentümers und dient darüber hinaus auch dazu, ungebetene Gäste von der Gartenfläche fernzuhalten. Wenn aber ein einzelner Wohnungseigentümer einen hohen, massiven Holzzaun als Windschutz errichten will, so ist dies eine bauliche Veränderung, die nicht geduldet werden muss. Durch einen solchen Holzzaun würde das gesamte äußere Bild der Anlage erheblich beeinträchtigt werden. Somit wäre hierfür die Zustimmung aller Wohnungseigentümer erforderlich.

Die Beschlussfassung und -anfechtung

4

Die Beschlussfassung: Herzstück jeder Eigentümerversammlung

Herzstück einer jeden Wohnungseigentümerversammlung ist die intensive Diskussion über die Anträge und die anschließende Beschlussfassung. Die Reihenfolge, in welcher die Beschlüsse zu fassen sind, wird in der Regel durch die Reihenfolge bestimmt, die sich aus der Benennung der Anträge in der Tagesordnung ergibt. Die Tagesordnungspunkte müssen dem Ladungsschreiben beigefügt sein.

Diese Reihenfolge der Beschlussfassung ist aber nicht zwingend. Von ihr kann der Versammlungsleiter abweichen, wenn sich dafür wichtige Gründe ergeben. Ebenso kann aber auch die Eigentümerversammlung entscheiden, in welcher Reihenfolge die Beschlüsse gefasst werden. Für den Fall, dass ein Wohnungseigentümer der vom Versammlungsleiter getroffenen Entscheidung widerspricht, hat letzten Endes die Eigentümerversammlung zu entscheiden, in welcher Reihenfolge die Beschlüsse gefasst werden. Eine solche Mehrheitsentscheidung ist für den Ablauf der Versammlung verbindlich und nicht anfechtbar (BayObLG WM 88, 34).

Wie Beschlüsse beantragt und protokolliert werden

Die Beschlussfassung beschränkt sich nicht nur auf den Abstimmungsvorgang. Zur Beschlussfassung gehört auch die Beratung des Gegenstands, über den die Eigentümergemeinschaft entscheiden soll. Dieser Beratungsgegenstand wird durch die Antragstellung bestimmt. So kann z. B. ein nicht stimmberechtigter Wohnungseigentümer an der Vorbereitung der Abstimmung zwar mitwirken, aber er darf selbst nicht abstimmen. Ein solcher Wohnungseigentümer hat sozusagen nur ein Teilnahmerecht, und zu diesen Teilnahmerechten gehören insbesondere das Antragsrecht, das Rederecht und das Recht auf Gehör.

Das Antragsrecht beinhaltet die Befugnis, zu einem Beschlussgegenstand Anträge jeglicher Art zu stellen. Diese Anträge stehen nicht von vornherein fest. Aus der Ankündigung im Einberufungsschreiben ergibt sich zwar eine Eingrenzung des Beschlussgegenstands, aber die genaue Formulierung des Antrags ist Angelegenheit der Versammlungsleitung. Über diesen von der Versammlungsleitung endgültig formulierten Antrag soll dann entschieden werden.

Praxis-Tipp:

Es empfiehlt sich, den Wortlaut des Beschlussantrags nicht aus dem Gedächtnis in einem später nach der Versammlung gefertigten Protokoll niederzuschreiben, sondern diesen Antrag schon während der Versammlung in das Protokoll aufzunehmen. Hierdurch können Missverständnisse vermieden werden, indem man den Antrag wortgetreu verlesen kann.

Im Allgemeinen ist es jedoch nicht erforderlich, das Protokoll bereits in der Versammlung zu fertigen. Das Protokoll kann vom Protokollführer nach der Versammlung aufgrund von Notizen, die während der Versammlung festgehalten wurden, geschrieben werden (KG WM 89, 102). Ein Recht auf Einsichtnahme in diese Notizen haben die Wohnungseigentümer nicht, da diese Notizen kein Protokoll darstellen.

Positiv formulierte Anträge haben mehr Erfolg!

Die Beschlussanträge können sowohl positiv als auch negativ formuliert werden. Sie können also mit Ja oder Nein beantwortet werden. Auf diese Weise kann entweder beantragt werden, dass etwas geschehen soll, oder aber beantragt werden, dass etwas nicht geschehen soll. Mit positiv formulierten Beschlussanträgen ist in der Regel eine Veränderung der bestehenden Rechtslage gewollt, und eine negative Formulierung drückt eine Entscheidung aus, wonach der Status quo gehalten wird.

Da jedoch negativ formulierte Beschlussanträge in der Eigentümerversammlung häufig zu Verwirrungen führen, ist es ratsam, zur Abstimmung generell positiv formulierte Beschlussanträge vorzuschlagen. Einen negativ formulierten Antrag sollten Sie nur ausnahmsweise stellen, wenn abzusehen ist, dass die Mehrheit der Eigentümerversammlung diesen Antrag mit hoher Wahrscheinlichkeit annehmen wird. Es müssen aber nicht nur die vorformulierten Beschlussanträge des Versammlungsleiters übernommen werden, sondern der einzelne Wohnungseigentümer kann auch einen Gegenantrag formulieren.

Beispiel:

Der Versammlungsleiter kann einen Antrag gestellt haben, wonach er eine bestimmte Instandsetzungsmaßnahme beschließen lassen will. Demgegenüber vertreten einige Wohnungseigentümer den Standpunkt, dass die geforderten Instandsetzungsmaßnahmen unter wirtschaftlichen Gesichtspunkten nicht sinnvoll sind und eher eine teilweise Änderung des instand zu setzenden Gemeinschaftseigentums geboten ist. Zur Klärung dieser Frage stellen nun die Wohnungseigentümer den Antrag, dass ein Gutachten eingeholt werden soll und erst nach Fertigung des Gutachtens über die betreffende Maßnahme entschieden werden soll. Somit ist zu dem angekündigten Tagesordnungspunkt ein neuer selbstständiger Gegenantrag gestellt worden. Dieser Gegenantrag tritt selbstständig neben den Antrag des Versammlungsleiters. Die Eigentümergemeinschaft muss in einer sinnvollen Reihenfolge über beide Anträge abstimmen. Wird der Antrag, ein Gutachten einzuholen und die Entscheidung zur Instandsetzung zurückzustellen, mehrheitlich angenommen, so hat sich der vom Versammlungsleiter gestellte Antrag erledigt.

Praxis-Tipp:

Die Versammlung ist grundsätzlich nicht befugt, die Beschlussfassung über einen selbstständigen Beschlussantrag zu verweigern. Die Eigentümerversammlung kann also nicht mit Mehrheitswillen beschließen, dass die Beschlussfassung über den Gegenantrag nicht zugelassen wird. Eine solche Entscheidung kann es nur unter der Voraussetzung geben, dass der Beschlussantrag eines Wohnungseigentümers nicht mehr durch den im Einberufungsschreiben angekündigten Beschlussgegenstand gedeckt ist.

Wichtig: Aus dem Protokoll muss ersichtlich sein, ob über einen Antrag zur Versammlungsleitung oder über einen Antrag zu einem Tagesordnungspunkt abgestimmt wurde.

Warum über Tagesordnungspunkte beraten wird

Die Beratung eines Entscheidungsgegenstands gehört schon zur Beschlussfassung und dient der Meinungsbildung mit dem Ziel, im Wege einer Sachdiskussion die Entscheidung zu finden, die den Interessen der Wohnungseigentümergemeinschaft entspricht. Insofern ist die Beratung bzw. die Diskussion ein unentbehrlicher Teil der Beschlussfassung. Es ist also möglich, dass Mängel in der Beratung die Anfechtung eines anschließend gefassten Beschlusses rechtfertigen können.

Wichtig: Eine Entscheidung des Versammlungsleiters oder ein Mehrheitsbeschluss der Eigentümerversammlung ist beispielsweise rechtswidrig, wenn er besagt, dass keine Diskussion zu einem Beschlussantrag stattfinden soll, obwohl Wortmeldungen vorliegen oder das Interesse für Wortmeldungen nicht auszuschließen ist.

Jeder Wohnungseigentümer muss die Möglichkeit haben, die Argumente vorzutragen, die seiner Ansicht nach für oder gegen die Annahme des gestellten Beschlussantrags sprechen. Dies ist insbesondere dann wichtig, wenn zu erkennen ist, dass das zu erwartende Abstimmungsergebnis noch völlig offen ist.

Auf eine Sachdiskussion kann nicht verzichtet werden, wenn darauf hingewiesen wird, dass in einer früheren Versammlung schon eine Diskussion zu diesem Thema stattgefunden hat. Eine frühere Diskussion zu einem Beschlussgegenstand kann nicht die aktuelle Diskussion ersetzen, die grundsätzlich vor einer Abstimmung zuzulassen ist. Dabei könnten ja neue Argumente auftauchen und neue Umstände maßgeblich geworden sein, die vor der früheren Diskussion noch nicht eingetreten waren und deshalb nicht berücksichtigt wurden. Des Weiteren kann nicht angenommen werden, dass eine frühere Diskussion zu einem vollkommenen Austausch der Argumente geführt hat. Ein vollkommener Austausch von Argumenten ist erst dann sichergestellt, wenn eine Diskussion unmittelbar vor der Abstimmung stattfindet und nicht verhindert wird.

Praxis-Tipp:

Bei der Beratung eines Beschlussgegenstands hat der Versammlungsleiter dafür zu sorgen, dass das Rederecht und das Recht auf Gehör gesichert sind. Diese beiden Rechte sind Teilnahmerechte der Wohnungseigentümer und stehen somit auch den Wohnungseigentümern und deren zugelassenen Vertretern zu, die aufgrund eines Stimmrechtsverbots an der Abstimmung nicht teilnehmen dürfen. Wortmeldungen von solchen Versammlungsteilnehmern sind daher zu akzeptieren.

Der Versammlungsleiter muss dafür sorgen, dass der Wohnungseigentümer, der gerade seine Meinung vorträgt, bei seinen Ausführungen nicht durch andere Versammlungsteilnehmer unterbrochen oder gestört wird. Somit hat der Versammlungsleiter einen störungsfreien Vortrag sicherzustellen.

Die Redezeit

Die Redezeit kann jedoch durch die Teilungserklärung oder Gemeinschaftsordnung beschränkt werden. Dies bedeutet aber nicht, dass diese Beschränkung im Einzelfall als Höchstzeit für jeden Vortrag eines Wohnungseigentümers gilt und andere Wohnungseigentümer nach Ablauf der vorgesehenen Redezeit die Beendigung des Vortrags verlangen können. Die in der Gemeinschaftsordnung bestimmte Redezeit soll dem Versammlungsleiter nur als Anhaltspunkt zur Beurteilung der Frage dienen, welche Redezeit im Einzelnen als angemessen anzusehen ist. Er kann somit aus gegebenem Anlass eine Überschreitung der in der Gemeinschaftsordnung vorgesehenen Redezeit zulassen. Eine Verkürzung der Redezeit ist aber nicht möglich.

In der Regel fehlen in den meisten Gemeinschaftsordnungen Beschränkungen der Redezeit. Die Eigentümerversammlung oder der Vorsitzende ist aber deshalb nicht gehindert, für bestimmte Beschlussanträge die Redezeit für alle Wohnungseigentümer zu beschränken. Dies muss aus sachlichen Gründen, wie z. B. der Beschränkung der Redezeit zur ordnungsgemäßen Erledigung der Versammlungstätigkeit, gerechtfertigt sein. Die Länge der Redezeit muss sich einerseits an der Bedeutung des Beschlussthemas und andererseits an der Zahl der Versammlungsteilnehmer orientieren, welche sich zu Wort melden könnten (Bay ObLG NZM 1999, 852). Überschreitet ein Wohnungseigentümer die zugelassene Redezeit, so ist der Versammlungsleiter nur dann dazu befugt ihm das Wort zu entziehen, wenn der Wohnungseigentümer mit seinen Ausführungen von seinem Rederecht einen absolut unangemessenen Gebrauch macht und seine Rede nach einer Belehrung des Versammlungsleiters fortsetzt. Insbesondere kann das Wort in dem Fall entzogen werden, wenn der Wohnungseigentümer in seinem Vortrag andere Versammlungsteilnehmer diffamiert und ehrabschneidende Äußerungen tätigt, die mit der Wahrnehmung berechtigter Interessen nicht mehr vereinbar sind. Dieser Entscheidung des Versammlungsleiters, das Wort zu entziehen, kann widersprochen werden. In einem solchen Fall entscheidet letztgültig die Eigentümerversammlung mit ihrem Mehrheitswillen verbindlich, ob die vom Versammlungsleiter getroffene Entscheidung bestehen bleibt.

Das Ende einer Beratung

Das Ende einer Beratung ist in der Regel dann erreicht, wenn weitere Wortmeldungen nicht mehr erfolgen. Dann kann ohne weiteres in das Abstimmungsverfahren eingetreten werden. Die Eigentümerversammlung kann mit Beschluss entscheiden, dass die Diskussion für beendet erklärt wird. Dies kann vor allem dann der Fall sein, wenn die Diskussion festgefahren ist und mit neuen Argumenten nicht zu rechnen ist.

Wie abgestimmt wird

Nach der Beratung hat die Eigentümerversammlung über den hierzu gestellten Beschlussantrag abzustimmen. Hierbei muss das Abstimmungsergebnis festgehalten werden, da das Abstimmungsergebnis für die Beurteilung des Beschlussergebnisses maßgebend ist. Wird nicht nach dem Kopfprinzip, sondern nach dem Wertprinzip abgestimmt, dann sind im Gegensatz zum Kopfprinzip Abstimmungsergebnis und Beschlussergebnis nicht gleich, sondern anhand des Abstimmungsergebnisses wird ermittelt, wie viele Eigentumsanteile den Antrag befürwortet bzw. abgelehnt haben.

Nicht ausreichend ist, wenn das Protokoll lediglich folgende Feststellung enthält: „Es wurde mehrheitlich beschlossen, das Hausgeld um 25 EUR monatlich zu erhöhen." Diese Feststellung beurkundet nur eine Wertung zum Beschlussergebnis, aber keine genaue Auswertung der Mehrheitsverhältnisse. Die Richtigkeit dieses Ergebnisses kann aber nicht über den Inhalt des Protokolls nachvollzogen oder überprüft werden. Im Übrigen steht eine solche Wertung, die zutreffend oder unzutreffend sein mag, dem Protokollführer nicht zu. Wenn sich der Versammlungsleiter zur Feststellung eines Abstimmungsergebnisses auf eine entsprechend formulierte Erklärung zum Beschlussergebnis beschränkt, so hat der Versammlungsleiter ebenfalls nur eine wertende Feststellung zum Ausgang des Beschlussverfahrens getroffen. Eine solche wertende Feststellung steht ihm jedoch ebenfalls nicht zu. Allerdings ist bei einer solchen Protokollierung der Beschluss dadurch nicht unwirksam, da der Versammlungsniederschrift keine konstitutive Bedeutung zukommt.

Wird im Einzelfall nach dem Wertprinzip abgestimmt, so müssen im Protokoll die Namen der Personen festgehalten werden, welche an der Abstimmung teilgenommen haben. Das Protokoll muss das Abstimmungsergebnis zwingenderweise in der Form beurkunden, dass das Protokoll den Rückschluss auf das Beschlussergebnis ermöglicht. Das heißt, anhand der abgegebenen Stimmen können die Miteigentumsanteile ermittelt werden, und so ist es möglich, das Beschlussergebnis festzustellen.

Praxis-Tipp:

Es ist hilfreich, wenn der Versammlungsleiter eine Liste mit den Wohnungseigentümern hat, auf der die Miteigentumsanteile verzeichnet sind, so dass er nur noch abzuhaken braucht, welcher Wohnungseigentümer mit Ja oder Nein gestimmt hat. Aus einer solchen Liste kann sich dann leicht das Beschlussergebnis ableiten lassen.

Der Versammlungsleiter ist nicht befugt, das Ergebnis der Abstimmung in irgendeiner Weise zu beeinflussen. Er darf beispielsweise einzelne Wohnungseigentümer nicht an der Stimmabgabe hindern, wenn er diese für unwirksam hält. Weiter darf er eine abgegebene Stimmrechtserklärung nicht werten und zurückweisen. Die Entscheidung eines Versammlungsleiters bezüglich einer Stimmrechtserklärung ist unwirksam, weil dem Versammlungsleiter die Entscheidungszuständigkeit zur Beurteilung dieser Frage fehlt. Dies gilt auch für den Fall, dass die Eigentümerversammlung zuvor zum Ausdruck gebracht hat, dass ein betroffener Wohnungseigentümer sein Stimmrecht nicht ausüben kann. Das Abstimmungsergebnis darf durch den Versammlungsleiter nicht in der Weise verfälscht werden, dass er bestimmte Stimmen nicht zählt.

Achtung: Im Gegenzug dazu kann sich jedoch ein Wohnungseigentümer, der rechtswidrig seine Stimme abgegeben hat, nicht darauf berufen, dass der Versammlungsleiter bzw. die Eigentümerversammlung seine unwirksame Stimmrechtserklärung nicht zurückgewiesen hat. Dieser Wohnungseigentümer ist darauf hinzuweisen, dass der Versammlungsleiter kein derartiges Recht zur Zurückweisung hat. Darüber hinaus wird eine unwirksame Stimmrechtserklärung nicht durch die mangelnde Zurückweisung wirksam. Die Beurteilung, ob eine Stimmabgabe gültig oder ungültig ist, bleibt dem Gericht vorbehalten.

Die Form der Abstimmung

Die äußere Form der Abstimmung ist im Gesetz nicht geregelt. In der Praxis werden in der Regel Abstimmungsformen gewählt, die auch in sonstigen privatrechtlichen Verbänden üblich sind. So kann z. B. offen oder geheim abgestimmt werden. Die geheime Abstimmung, die sich in aller Regel bei Personalfragen anbietet, muss schriftlich sein. Die offene Abstimmung kann dagegen mündlich oder schriftlich erfolgen.

Offene Abstimmung

In der offenen Abstimmung ist es für jeden Versammlungsteilnehmer erkennbar, wie jeder andere Versammlungsteilnehmer abgestimmt hat. Bei einer offenen schriftlichen Stimmabgabe ist dies noch nicht auf den ersten Blick ersichtlich, wird aber später aus den Feststellungen des Abstimmungsergebnisses bekannt.

Geheime Abstimmung

Bei der geheimen Abstimmung wird dagegen nicht bekannt, welche Abstimmungserklärung der Einzelne abgegeben hat. Dies hat den Vorteil, dass jeder Wohnungseigentümer unbefangen sein Stimmrecht ausüben kann, weil er darauf vertrauen darf, dass der Inhalt seiner Stimmrechtserklärung nicht bekannt wird.

Der Nachteil einer schriftlich geheimen Abstimmung ist jedoch, dass diese sich in der Eigentümerversammlung nur schwer realisieren lässt. Schwierigkeiten ergeben sich hierbei vor allem dadurch, dass unter allen Umständen die Anonymität der Person sichergestellt sein muss, die die Stimme abgegeben oder sich der Stimme enthalten hat.

Problematisch ist hierbei vor allem, dass von den einzelnen Wohnungseigentümern auf ihren Anteil umgerechnet werden muss. Dies ist aber nur dann möglich, wenn der betreffende Wohnungseigentümer erkennbar ist. Die Erkennbarkeit des Eigentümers ist dann zu vermeiden, wenn Stimmzettel ausgegeben werden, die nicht den Namen des Wohnungseigentümers tragen, sondern dessen Anteile bzw. die Zahl der Stimmrechte, die der Wohnungseigentümer zur Ausübung des Stimmrechts in Anspruch nimmt. Aber mit der Feststellung des Abstimmungsergebnisses müsste ein Dritter beauftragt werden, der nicht mit den bestehenden Beteiligungsverhältnissen innerhalb der Gemeinschaft vertraut ist. Denn allein aus den Anteilsrechten könnten sich auf die Person des

Stimmberechtigten Rückschlüsse ziehen lassen. Eine schriftliche, geheime Abstimmung ist demzufolge zeitraubend und kostenintensiv.

Wichtig: Im Gegensatz zur geheimen schriftlichen Abstimmung kann die offene mündliche Abstimmung durch Akklamation, d. h. Zuruf, Handzeichen oder Aufstehen erfolgen. Die Stimmabgabe ist auch so möglich, dass jeder einzelne Versammlungsteilnehmer namentlich aufgerufen wird und hierauf seine Erklärung abgibt. Die schriftlich offene Abstimmung erfolgt mit Stimmzetteln, die in aller Regel schon mit dem Ladungsschreiben verschickt werden. Auf diesen Stimmzetteln sind dann Name bzw. Miteigentumsanteile und der jeweilige Beschlussgegenstand verzeichnet. Die Stimmabgabe erfolgt durch das Ankreuzen auf dem Stimmzettel bei einem Feld mit Ja oder Nein. Danach werden die Stimmzettel eingesammelt und ausgewertet. Vorteil der offenen mündlichen Abstimmung sind Schnelligkeit und Einfachheit. Die schriftliche, offene Abstimmung ist hingegen schon etwas zeitintensiver, aber ermöglicht eine schnelle Auswertung der Miteigentumsanteile. Der Nachteil der offenen Abstimmung sind die fehlende Anonymität und die Nachvollziehbarkeit des Abstimmungsverhaltens des Einzelnen.

Diese Tatsache kann manchmal für ein offenes und unbefangenes Nachbarschaftsverhältnis hinderlich sein. Es sollte aber auch jeder Wohnungseigentümer, der ja in der Eigentümerversammlung seine Rechte wahrt, die Courage besitzen, zu seiner Entscheidung zu stehen. Eine offene Abstimmung ist insofern in den meisten Fällen einer geheimen Abstimmung vorzuziehen, da letztere kaum durchführbar und mit erheblichen Kosten verbunden ist.

Praxis-Tipp:

In großen Wohnungseigentümergemeinschaften erfolgt das Abstimmungsverfahren teilweise bereits elektronisch. Für den Versammlungsleiter besteht kein Zwang zu einer bestimmten Abstimmungsform. Er kann beispielsweise eine Abstimmung durch Handzeichen bestimmen, wenn ein Eigentümerbeschluss zur Geschäftsordnung dem nicht entgegensteht (BayObLG WM 90, 403).

Der Versammlungsleiter sollte nur unter besonderen, zwingenden Umständen in der Abstimmungsform variieren. Wenn ein Wohnungseigentümer aber der Entscheidung des Versammlungsleiters widerspricht, so muss die Eigentümerversammlung über die vom Versammlungsleiter bestimmte äußere Form abstimmen. Diese Abstimmung sollte dann jedoch in der üblichen Form vonstatten gehen.

Die Beurteilung der Abstimmung

Das Beschlussergebnis entscheidet, ob ein Beschluss angenommen oder abgelehnt wurde. Hierbei ist zu beurteilen, ob ein Beschluss zustande gekommen ist oder nicht.

Regeln zur Beurteilung

- Nur gültige Stimmabgaben wirken sich auf das Beschlussergebnis aus. Ungültige Stimmen haben kein Entscheidungsgewicht und müssen daher unberücksichtigt bleiben.
- Ein Beschluss ist dann angenommen, wenn sich über die wirksam abgegebenen Stimmen nach den Regeln der rechtsgeschäftlich begründeten Gemeinschaftsordnung die geforderte Mehrheit ergibt. Wird diese Mehrheit nicht erreicht, so ist der Beschluss auch nicht angenommen.

noch: Regeln zur Beurteilung

- Für die Berechnung der Mehrheit ist das Entscheidungsgewicht maßgebend, das den gültig abgegebenen Stimmen aufgrund ihrer Stimmkraft nach dem Gesetz bzw. nach einer Regelung der Gemeinschaftsordnung zukommt.
- Stimmenthaltungen werden nicht gewertet.
- Eine Stimme ist dann ungültig, wenn die betreffende Person nicht stimmberechtigt ist. Dies kann sich entweder aus einem Beschluss der Eigentümerversammlung ergeben oder aus der Gemeinschaftsordnung. Alle anderen abgegebenen Stimmen sind in der Regel gültig.

Wann ist ein Beschluss ungültig?

In besonderen Ausnahmefällen ist ein gerichtliches Anfechtungsverfahren nicht erforderlich. Dies ist dann der Fall, wenn es sich um nichtige Beschlüsse handelt. Dies sind Beschlüsse, die an derart schweren Mängeln leiden, dass sie von vornherein unwirksam sind. Hierzu gehören vor allem solche Beschlüsse, die gegen zwingende gesetzliche Regelungen oder die guten Sitten verstoßen. Dazu zählt die Rechtsprechung insbesondere folgende Fallkonstellationen:

- Beschluss darüber, dass Sanierungsarbeiten an Schwarzarbeiter vergeben werden sollen
- Umlaufbeschluss, der einstimmig und schriftlich gefasst werden muss, wird nur mit Stimmenmehrheit gefasst
- Beschluss, dass der Verwaltungsbeirat die Stellung des Verwalters übernimmt
- Beschluss, dass der Verwalter für einen Zeitraum von mehr als fünf Jahren bestellt wird
- Beschluss, eine BGB-Gesellschaft zur Verwaltung zu bestellen
- Beschluss, Haustiere generell zu verbieten

- Beschluss, Kosten in die Jahresrechnung aufzunehmen, die vor der Zeit der Entstehung der Wohnungseigentümergemeinschaft entstanden sind
- Beschluss, dass der Verwalter ermächtigt ist, Sondereigentum in gemeinschaftliches Eigentum umzuwandeln und umgekehrt
- Beschluss, den vom Gericht durch einstweilige Anordnung bestellten Notverwalter abzuberufen
- Sondernutzungsrecht wird durch Mehrheitsbeschluss begründet
- Beschluss, einen säumigen Miteigentümer Verzugszinsen in Höhe von 30 % bezahlen zu lassen
- Beschlussfassung eines inhaltlich unbestimmten Beschlusses (Beschluss über die Benutzung des Schwimmbads „wie bisher")
- Beschluss, das Abstellen eines Rollstuhls im Treppenhaus zu verbieten, obwohl keine andere Abstellmöglichkeit besteht und die Eigentümergemeinschaft das Abstellen des Rollstuhls schon seit längerem duldet

Die Beschlussanfechtung: Formvorschriften, Fristen, Gründe

Ist ein Beschluss der Eigentümerversammlung Ihrer Meinung nach mangelhaft zustande gekommen und wollen Sie diesen Beschluss anfechten, so müssen Sie ein gerichtliches Verfahren auf Ungültigerklärung durchführen. Ein einfaches, wenn auch deutliches Schreiben an den Verwalter, in dem Sie den Beschluss beanstanden, ist grundsätzlich nicht ausreichend. Die Anfechtung und Ungültigkeitserklärung muss vor dem Amtsgericht durchgeführt werden, in dessen Bezirk die Wohnanlage liegt.

Praxis-Tipp:

Die Klage auf Anfechtung muss innerhalb eines Monats nach der Beschlussfassung beim zuständigen Amtsgericht eingegangen sein. Diese Frist gilt unabhängig davon, ob Sie an der Wohnungseigentümerversammlung teilgenommen haben oder nicht. Ohne Bedeutung ist in diesem Fall, ob Ihnen zwischenzeitlich das Protokoll vorliegt. Falls dies nicht zutrifft, können Sie ggf. den Verwalter schadenersatzpflichtig machen.

Die Besonderheit von anfechtbaren Beschlüssen ist im Gegensatz zu wirksamen und nichtigen Beschlüssen, dass sie wirksam werden und bleiben, wenn sie vom Gericht nicht für ungültig erklärt werden (BGHZ 160, 124). Insofern können bei anfechtbaren Beschlüssen jeder Wohnungseigentümer für sich allein, aber auch der Verwalter allein entscheiden, ob sie von ihrem Recht auf Anfechtung Gebrauch machen wollen oder ob sie über die Mängel des Beschlusses hinwegsehen.

Anfechtbar ist ein Beschluss dann, wenn er nicht wirksam zustande gekommen ist oder inhaltliche Fehler aufweist. Dies ist vor allem dann gegeben, wenn er gegen Vereinbarungen und die Gemeinschaftsordnung verstößt. Ebenso ist er anfechtbar, wenn er gegen gesetzliche Vorschriften verstößt, welche die Eigentümerversammlung nicht abbedungen hat. Der Verstoß gegen den Grundsatz der ordnungsgemäßen Verwaltung ist ebenfalls ein Anfechtungsgrund.

Gerichtlich anerkannte Anfechtungsgründe

- Die Eigentümerversammlung wird zur Unzeit einberufen, und berufstätige Wohnungseigentümer können daran nicht teilnehmen (OLG Frankfurt OLGZ 82, 418).
- Im Ladungsschreiben des Verwalters ist der Beschlussgegenstand in der Tagesordnung nicht oder nicht ausreichend bezeichnet (BayObLG ZMR 88, 149).
- Insbesondere sind Beschlüsse, die unter dem Tagesordnungspunkt „Verschiedenes" oder „Sonstiges" gefasst werden, in der Regel anfechtbar (BayObLG NJW-RR 90, 784).
- Die Eigentümerversammlung wurde von einer unzuständigen Person einberufen, also nicht vom amtierenden Verwalter oder einem einberufungsberechtigten Verwaltungsbeiratsmitglied (KG OLGZ 90, 422). Ausgenommen sind solche Versammlungen, deren Einberufung alle Wohnungseigentümer zugestimmt haben. Dies ist vor allem bei einer Universalversammlung anzunehmen (KG OLGZ 90, 422).
- Eine Anfechtung ist bei anderen Einberufungsfehlern nur dann möglich, wenn der Beschluss auf ihnen beruht. Dies ist schon dann der Fall, wenn ein Eigentümer aufgrund fehlender oder kurzfristiger Einladung an der Teilnahme oder Beeinflussung der Mehrheitsbildung und seiner Stimmrechtsausübung gehindert war. Ausnahme hierfür ist, dass die Beschlussfassung bei einer ordnungsgemäßen Ladung ebenso verlaufen wäre (BayObLG NJW-RR 90, 785). Nicht erforderlich ist, dass die Stimme des betroffenen Wohnungseigentümers allein für das Abstimmungsergebnis ursächlich gewesen wäre.
- Ein Beschluss wird gefasst, obwohl die Eigentümerversammlung nicht mehr beschlussfähig ist (BayObLG WM 89, 459).
- Ein Beschluss ist nicht so protokolliert worden, wie es in der Gemeinschaftsordnung bestimmt ist (OLG Oldenburg ZMR 85, 30).
- Ein Beschluss steht im Widerspruch zur Gemeinschaftsordnung (OLG Hamm OLGZ 90, 170).
- Ein Beschluss, der nach dem Gesetz oder nach der Gemeinschaftsordnung einstimmig oder mit einer qualifizierten Mehrheit gefasst

noch: Gerichtlich anerkannte Anfechtungsgründe

werden muss, wird durch einen einfachen Mehrheitsbeschluss verabschiedet. Das gilt z. B. für einen Beschluss über die Durchführung baulicher Änderungen, die über die ordnungsgemäße Instandhaltung und Instandsetzung hinausgehen (BayObLG ZMR 86, 250). Wenn aber der Versammlungsleiter die Eigentümerversammlung vor der Beschlussfassung auf das Erfordernis einer qualifizierten Mehrheit oder Einstimmigkeit hinweist und nach der Abstimmung die Ablehnung des Beschlussantrags feststellt, liegt kein Mehrheitsbeschluss, sondern ein Negativbeschluss (auch Nichtbeschluss) vor (BayObLG DWE 85, 56).

- Die Eigentümerversammlung hat einen mehrdeutigen Beschluss gefasst und neue Auseinandersetzungen sind zu erwarten (BayObLG WE 88, 143).
- Der Beschluss ist bedeutungslos (KG WM 89, 91).
- Der Beschluss verstößt gegen Treu und Glauben (BayObLG WM 91, 130; OLG Köln OLGZ 82, 263; OLG Hamm MDR 82, 150).
- Durch den Beschluss wird eine Abrechnung genehmigt, die nach einem anderen als nach dem vereinbarten Verteilungsschlüssel berechnet wurde (KG DWE 85, 126; BayObLG WE 90, 220).
- Es wird eine Abmahnung als Voraussetzung der Entziehung des Wohnungseigentums beschlossen, aber das beanstandete Verhalten rechtfertigt eine Abmahnung nicht oder das Verhalten ist nicht konkret genug bezeichnet worden (BayObLGZ 85, 171).
- Der Beschluss verstößt gegen die Grundsätze der ordnungsgemäßen Verwaltung nach § 21 Abs. 3 WEG (BayObLGZ 80, 78).
- Es wird eine unrichtige oder nicht nachvollziehbare Abrechnung beschlossen bzw. ein Wirtschaftsplan mit objektiv zu hohem oder zu niedrigem Ansatz (BayObLG WE 89, 64).
- Es wird beschlossen, den Wirtschaftsplan unter Vorbehalt der Richtigkeit zu genehmigen (BayObLG WE 90, 138).
- Durch Beschluss wird eine ungeeignete Person zum Verwalter bestellt (OLG Stuttgart NJW-RR 86, 317).

Ein so genannter Negativbeschluss ist nicht anfechtbar. Ein solcher Nichtbeschluss liegt dann vor, wenn ein Antrag nicht die Mehrheit bekommt, um beschlossen zu werden. Die Mehrheit der in der Wohnungseigentümerversammlung anwesenden Eigentümer hat also dem Beschluss nicht zugestimmt. Gerichtlicher Antrag auf Anfechtung gegen einen solchen Nichtbeschluss wird in der Regel als Antrag auf Durchführung einer Maßnahme im Rahmen ordnungsgemäßer Verwaltung gestellt. Voraussetzung ist aber, dass der abgelehnte Beschlussantrag eine solche Maßnahme zum Gegenstand hatte.

Anfechtungsklage

Wenn Sie, der Verwalter oder ein anderer Wohnungseigentümer sich dazu entschlossen haben, einen Beschluss anzufechten, so müssen Sie das gerichtliche Verfahren auf Ungültigkeitserklärung durchführen. Das Klageverfahren wird dadurch eingeleitet, dass eine Anfechtungsklage an das Amtsgericht, Abteilung für Wohnungseigentumssachen, gerichtet wird. Zuständig ist das Amtsgericht, in dessen Bezirk die Eigentumswohnanlage liegt. So ist für eine Wohnanlage, die in München liegt, das Amtsgericht München zuständig. Für den juristischen Laien ist es in vielen Fällen schwierig, auf Anhieb zu erkennen, in welchem Amtsgerichtsbezirk sich die Wohnanlage befindet. Im Falle der Anfechtungsklage ist es daher ratsam, einen Rechtsanwalt aufzusuchen.

In Ihrem Klageantrag muss aber der Beschluss, der für ungültig erklärt werden soll, exakt und bestimmbar bezeichnet sein. Das Gericht ist streng an den gestellten Antrag gebunden, da sonst die Frist, die der Rechtssicherheit dient, ihrem Zweck nicht mehr gerecht werden würde, weil der Umfang der Bestandkraft des Beschlusses ungewiss bliebe. Sie können aber den Antrag auch nur auf Teile eines Beschlusses beschränken, wie z. B. auf einzelne Positionen der Jahresabrechnung. Zulässig ist aber auch, sämtliche Beschlüsse einer Eigentümerversammlung anzufechten. Wenn Sie den

Antrag zu einem späteren Zeitpunkt konkretisieren und nur noch bestimmte Beschlüsse für ungültig erklären lassen wollen, so ist darin eine Antragsrücknahme bezüglich der zurückgezogenen Beschlüsse zu sehen. Hierbei ist zu beachten, dass Sie den Antrag später nicht mehr auf die Beschlüsse, die in der Antragsrücknahme genannt wurden, erweitern können. Wenn sich herausstellt, dass der von Ihnen angefochtene Beschluss nicht nur anfechtbar, sondern sogar nichtig ist, so wird Ihr Antrag auf Ungültigkeitserklärung in einen Antrag auf Feststellung der Nichtigkeit umgedeutet.

Klagefrist

Die Klagefrist beträgt gemäß § 46 Abs. 1 WEG einen Monat. Die Frist beginnt mit dem Tag der Beschlussfassung und endet mit Ablauf des Monatstages, der dem der Beschlussfassung entspricht. Innerhalb von zwei Monaten nach Beschlussfassung muss der Klageantrag begründet werden. Wie schon gesagt, soll die Frist der Rechtssicherheit bezüglich des Bestands der Beschlüsse dienen. Diese Frist beginnt, wenn über einen Beschluss schriftlich abgestimmt wird, mit der Bekanntgabe des Zugangs der letzten Zustimmungserklärung durch den Verwalter.

Die Frist beginnt zu laufen, auch wenn Sie nicht selbst in der Eigentümerversammlung anwesend waren oder das Protokoll nicht erhalten haben und so keine Kenntnis von dem Beschluss haben. In letzterem Fall können Sie aber, bei unverschuldeter Fristversäumnis, bei dem zuständigen Amtsgericht Wiedereinsetzung in den vorherigen Stand beantragen. Ein solcher Antrag wird von den Amtsgerichten in aller Regel gewährt, und Sie können ihn zusammen mit dem Antrag auf Anfechtung bei Gericht einreichen. Sie sollten aber berücksichtigen, dass mit einer Beschlussfassung der Eigentümerversammlung zu jedem Tagesordnungspunkt zu rechnen ist, der im Ladungsschreiben genannt ist.

Klageberechtigung

Gemäß § 46 Abs. 1 WEG sind jeder einzelne Wohnungseigentümer oder auch mehrere Wohnungseigentümer klagebefugt. Ebenso kann ein Verwalter Klage gegen Wohnungseigentümer richten, wenn er einen Beschluss anfechten will. Gibt es für ein Wohnungseigentum aber mehrere Miteigentümer, wie z. B. Ehegatten, so ist jeder Miteigentümer allein antragsberechtigt. Dies gilt auch für Mitglieder von Erbengemeinschaften oder bei einer Gesellschaft des bürgerlichen Rechts (LG Bremen, DWE 89, 33; a. A. BayObLG ZMR 91, 74). Der Wohnungseigentümer, dessen Stimmrecht ruht, kann ebenfalls einen Antrag auf Anfechtung stellen.

Achtung: Wenn Sie Wohnungseigentum erwerben und nur eine Auflassungsvormerkung zu Ihren Gunsten im Grundbuch eingetragen ist, wobei Besitz, Nutzen und Lasten auf Sie übergegangen sind, sind Sie dennoch nicht antragsberechtigt, da Sie in der Wohnungseigentümerversammlung noch kein eigenes Stimmrecht haben.

Rechtsschutzbedürfnis

Ein Klageantrag kann nur dann gültig gestellt werden, wenn ein Rechtsschutzbedürfnis besteht. Ein Wohnungseigentümer oder der Verwalter hat ein Rechtsschutzbedürfnis, da der Wohnungseigentümer an fehlerhafte Beschlüsse nach Ablauf der Anfechtungsfrist gebunden ist und der Verwalter verpflichtet ist, fehlerhafte Beschlüsse auszuführen. Dieses Rechtsschutzbedürfnis entfällt für den Verwalter nicht, wenn

- er den Beschluss für unverbindlich hält
- er eine neue Beschlussfassung in Aussicht stellt
- ein anderer Wohnungseigentümer bereits einen Anfechtungsantrag eingereicht hat
- der Beschluss bereits vollzogen ist

Das Rechtsschutzbedürfnis für die Anfechtung eines Beschlusses entfällt nicht, bevor dieser Beschluss bestandskräftig ist. Wird er angefochten, so entfällt dieses Rechtsschutzbedürfnis nicht vor einer rechtskräftigen gerichtlichen Entscheidung. Es entfällt auch dann nicht, wenn ein Zweitbeschluss den Erstbeschluss bestätigt (BGHZ 106, 116). Der Wohnungseigentümer hat auch ein Recht auf Anfechtung für die Beschlüsse, denen er in der Versammlung selbst zugestimmt hat. Bei Mehrhauswohnanlagen ist zu beachten, dass für die Anfechtung nur die Wohnungseigentümer eines Gebäudes ein Rechtsschutzbedürfnis haben, die von dem Beschluss betroffen sind. Den übrigen Wohnungseigentümern fehlt hier das Rechtsschutzbedürfnis.

Praxis-Tipp:

Wenn Sie vor Ablauf der Anfechtungsfrist oder während eines Anfechtungsverfahrens aus der Wohnungseigentümergemeinschaft ausscheiden, so muss je nach den vorliegenden Umständen geprüft werden, ob Sie noch ein besonderes Interesse an der Durchführung des Anfechtungsverfahrens haben. Ihr Rechtsschutzbedürfnis ist also möglicherweise bereits entfallen.

Klagegegner

Die Eigentümer, die keine fristgerechte Klage auf Ungültigerklärung beim zuständigen Amtsgericht stellen, sind die Klagegegner. Eine Entscheidung über die Gültigkeit des von ihnen gefassten Beschlusses wirkt auch gegen alle Wohnungseigentümer und gegen den Verwalter. Der Klageantrag wird deshalb, nach Eingang bei Gericht, dem Verwalter als Antragsgegner für alle Wohnungseigentümer zugestellt. Wenn sich nun nach Fristablauf ein Eigentümer einem Klageantrag anschließt, so ist dieser Antrag wegen Fristversäumung zurückzuweisen. Weist das Amtsgericht einen Klageantrag wegen

Unzulässigkeit, beispielsweise wegen fehlenden Rechtsschutzbedürfnisses, zurück, so kann ein anderer Wohnungseigentümer diese Entscheidung nicht angreifen. Dieses Recht steht nur dem Wohnungseigentümer zu, dessen Klage zurückgewiesen wurde.

Bindungswirkung

Bei Beschlussanfechtung bleibt der betroffene Beschluss so lange wirksam und verbindlich, bis er vom Gericht rechtskräftig für ungültig erklärt ist (§ 23 Abs. 4 WEG). Dies ist unter Umständen erst der Fall, wenn das Verfahren nach Jahren drei Instanzen durchlaufen hat. Ein Klageantrag hat also, anders als im Verwaltungsrecht, keine aufschiebende Wirkung. An diese Bindungswirkung sind auch andere als die mit dem Fall befassten Gerichte innerhalb anderer Verfahren gebunden.

Wichtig: Um die Bindungswirkung zu durchbrechen, sollten Sie anregen, dass das berufene Gericht durch einstweilige Anordnung für die Dauer des Verfahrens eine vom angefochtenen Beschluss abweichende Regelung trifft. So kann das Gericht z. B. anordnen, dass der Beschluss so lange nicht vollzogen wird, bis das Verfahren abgeschlossen ist. Wird beispielsweise der Beschluss einer Verwalterbestellung angefochten, so kann das Gericht durch einstweilige Anordnung einen vorläufigen Notverwalter bestellen.

Erklärt das Gericht einen Beschluss für ungültig, so verliert dieser Beschluss rückwirkend seine Wirksamkeit. Damit ist der Beschluss ex tunc ungültig und als von Anfang an nichtig zu betrachten.

Ein Gericht kann einen angefochtenen Beschluss entweder für ungültig erklären oder den Klageantrag zurückweisen. Es kann und darf aber den Beschluss nicht abändern. Dem Gericht ist es also verwehrt, von sich aus einen neuen Beschluss zu fassen, da dies gegen die Autonomie der Wohnungseigentümer verstoßen würde. Sie können Ihren Klageantrag jedoch mit einem Antrag auf Anordnung einer bestimmten Maßnahme, die der ordnungsgemäßen Verwaltung entspricht, verbinden. Hier kann das Gericht den angefochtenen Antrag für ungültig erklären und den Beschluss anerkennen, der die gewünschte Maßnahme beinhaltet. Ohne einen derartigen Antrag ist es dem Richter nicht möglich, eine bestimmte Regelung zu treffen.

Wenn nur ein Teil eines Beschlusses angefochten wird, so muss das Gericht im Zweifelsfall den ganzen Beschluss für ungültig erklären. Dies ist nur dann nicht notwendig, wenn der Beschluss auch ohne den angefochtenen Teil gefasst worden wäre. Wenn anzunehmen ist, dass die Eigentümerversammlung den nicht angefochtenen Teil des Beschlusses auch ohne den angefochtenen Teil gefasst hätte, so bleibt der nicht angefochtene Teil des Beschlusses wirksam (BayObLGZ 85, 110).

Achtung: Wird eine Klage auf Anfechtung rechtskräftig durch das Gericht abgewiesen, so ist der Beschluss endgültig bestandskräftig. Es kann nicht behauptet werden, dass dieser Beschluss nichtig sei.

Praxis-Tipp:

Ein Beschluss, der bereits vollzogen ist, dann aber rechtskräftig vom Gericht für ungültig erklärt wurde, muss wieder rückgängig gemacht werden, und jeder Wohnungseigentümer hat hierauf einen Anspruch, dass die Folgen des Beschlusses beseitigt werden.

Dasselbe gilt auch für Rechtsgeschäfte, die der Verwalter vor der Ungültigkeitserklärung seiner Bestellung getätigt hat. Dabei ist zu beachten, dass ein bestimmtes Stimmverhalten der Eigentümer in der Eigentümerversammlung nur die Anfechtbarkeit des Beschlusses zur Folge haben kann, nicht jedoch einen Schadenersatzanspruch.

Fachwortlexikon

Abgeschlossenheit

Damit Wohnungseigentum oder Teileigentum begründet werden kann, sollen die Wohnungen oder sonstige Räume in sich abgeschlossen sein. Die Vorschrift hat eine Ordnungsfunktion und ist darin begründet, dass bei der Aufteilung eines Grundstücks in Eigentumswohnungen für jede Wohnung ein eigenes Grundbuchblatt, das so genannte Wohnungsgrundbuch, angelegt wird. Abgeschlossen sind Wohnungen, wenn sie baulich von fremden Wohnungen und Räumen abgetrennt sind. Die Wohnungen müssen selbstständige Einheiten bilden. Dies ist dann der Fall, wenn die Wohnungen durch Wände und Decken abgegrenzt und gegen unbefugten Zutritt Dritter abgeschirmt sind. Ob eine Wohnung abgeschlossen ist, kommt allein darauf an, dass die betreffende Wohnung einen eigenen, abschließbaren Zugang unmittelbar vom Freien, von einem Treppenhaus oder einem Vorraum hat. Wasserversorgung, Ausguss und Toilette müssen innerhalb der Wohnung liegen. Ebenso ist eine Küche unverzichtbar. Die Räume der Wohnung müssen dazu geeignet sein, einen selbstständigen Haushalt zu führen. Dieses ist auch dann gegeben, wenn lediglich die Anschlüsse für die sanitären Einrichtungen vorhanden sind. Mögliche zusätzliche Räume, die außerhalb der Wohnung liegen, müssen verschließbar sein, wie z. B. die Kellerräume, Garage und Speicher. Eine Ausnahme gilt jedoch für die Garagenstellplätze in Sammelgaragen. Sie gelten als abgeschlossen, wenn ihre Fläche durch Markierungen ersichtlich ist. Das Grundbuchamt kann die Voraussetzungen der Abgeschlossenheit anhand des Aufteilungsplans prüfen.

Anfechtung

Die Beschlüsse der Wohnungseigentümerversammlung sind Rechtsgeschäfte eigener Art und können von den Wohnungseigentümern angefochten werden. Hält ein Wohnungseigentümer oder der Verwalter einen Beschluss der Eigentümerversammlung für ungültig, so kann er ein gerichtliches Verfahren auf Ungültigerklärung des Beschlusses anregen. Für diese Klage ist das Amtsgericht zuständig, in dessen Bezirk die Eigentumswohnanlage liegt. Die Klage auf Anfechtung muss innerhalb eines Monats nach der Beschlussfassung bei Gericht eingegangen sein. Diese Klage kann jeder Wohnungseigentümer stellen (Antragsbefugnis), egal, ob er an der Eigentümerversammlung teilgenommen hat oder nicht.

Aufteilungsplan

Der Aufteilungsplan besteht aus einer oder mehreren Bauzeichnungen, die auch Lage und Größe der Sondereigentumsräume und des gemeinschaftlichen Eigentums im Maßstab 1:100 beschreiben. Dieser Aufteilungsplan ist von der örtlich zuständigen Bauaufsichtsbehörde mit Unterschrift sowie Siegel oder Stempel zu versehen. Die Bauzeichnungen müssen Auskunft über die Aufteilung der Wohnanlage geben, das heißt, dass außer den Grundrissen auch Schnitte und Ansichten der Gebäude enthalten sein müssen. Um eine eindeutige Zuordnung zu gewährleisten, müssen alle zur Wohnung gehörenden Einzelwohnräume, insbesondere Keller, Speicher oder Garage im Aufteilungsplan mit der jeweils gleichen Nummer gekennzeichnet sein. Diese Nummern müssen mit denjenigen übereinstimmen, die in der Teilungserklärung für die einzelne Eigentumswohnung angegeben wurden.

Bauliche Veränderung

Bauliche Veränderung ist jede über die ordnungsgemäße Instandhaltung und Instandsetzung hinausgehende Umgestaltung des Gemeinschaftseigentums in seiner bestehenden Form. Die bauliche Veränderung muss auf Dauer angelegt sein. Eine bauliche Veränderung liegt im Allgemeinen dann vor, wenn vorhandene Gebäudeteile dergestalt verändert werden, dass sie von dem im Aufteilungsplan vorgesehenen Zustand abweichen und etwas Neues schaffen. Im Grund zählt zur baulichen Veränderung jede grundsätzliche Neuerung, die etwas Bestehendes abschafft oder eine Einrichtung zweckentfremdet. Aber auch jede Veränderung des Sondereigentums ist eine bauliche Veränderung, wenn sie in das gemeinschaftliche Eigentum eingreift, wie z. B. Durchbrüche durch Stützmauern oder Wanddurchbrüche durch eine tragende Wand zur Verbindung zweier Eigentumswohnungen. Zu den baulichen Veränderungen gehören insbesondere auch Veränderungen an der äußeren Gestaltung des Hauses, also des architektonischen oder ästhetischen Bilds oder der farblichen Gestaltung. Nicht unter bauliche Veränderungen fallen jedoch Bauarbeiten, die zur Fertigstellung der Wohnanlage nachgeholt werden müssen.

Beschluss

Die Eigentümerversammlung entscheidet über die Annahme oder Ablehnung von Anträgen durch Beschluss. Die Eigentümerversammlung ist beschlussfähig, wenn die erschienenen stimmberechtigten Wohnungseigentümer mehr als die Hälfte der Miteigentumsanteile vertreten. Die Beschlussfähigkeit muss sowohl zu Beginn der Versammlung als auch bei jeder einzelnen Abstimmung im Verlauf der Versammlung bestehen. Bei der Beschlussfassung ist die Mehrheit nach den abgegebenen Ja- und Neinstimmen zu berechnen. Eine Enthaltung wird nicht gezählt.

Dauerwohnrecht

Dauerwohnrecht ist das Recht, das dem Wohnungseigentümer eingeräumt wird, unter Ausschluss des Grundstückseigentümers eine bestimmte Wohnung in einem auf dem Grundstück errichteten Gebäude zu bewohnen oder in anderer Weise zu nutzen. In Bezug auf die Räume, die nicht zum Wohnen geeignet sind, wie z. B. Keller oder Garage, heißt das Dauerwohnrecht dann entsprechend Dauernutzungsrecht.

Eigentümerversammlung

Die Eigentümerversammlung ist das Hauptorgan für die Verwaltung der Eigentumswohnanlage. Mindestens einmal im Jahr muss die Eigentümerversammlung vom Verwalter einberufen werden. Ansonsten kann eine außerordentliche Eigentümerversammlung aus besonderem Anlass stattfinden. Eine außerordentliche Eigentümerversammlung kann, wenn mehr als ein Viertel der Wohnungseigentümer dies unter Angabe von Zweck und Grund verlangt, vom Verwalter einberufen werden bzw. erzwungen werden.

Entlastung des Verwalters

In der Regel bedeutet die Genehmigung der Jahresabrechnung durch die Eigentümerversammlung zugleich auch die Entlastung des Verwalters. Es kann aber auch unter einem gesonderten Tagesordnungspunkt über die Entlastung des Verwalters abgestimmt werden.

Gebrauchsregelung

Der einzelne Wohnungseigentümer kann von den restlichen Miteigentümern verlangen, dass diese das gemeinschaftliche Eigentum und die im Sondereigentum stehenden Gebäudeteile entsprechend dem Gesetz oder den getroffenen Vereinbarungen und den gefassten Beschlüssen nutzen. Soweit in der Teilungserklärung und der Gemeinschaftsordnung keine Regelungen getroffen sind, können die Wohnungseigentümer mit Stimmenmehrheit beschließen, was sie unter ordnungsgemäßem Gebrauch verstehen. Diese Gebrauchsregelung setzt jedoch voraus, dass entweder eine Zweckbestimmung für den von ihr betroffenen Teil der Anlage noch nicht besteht oder aber diese Zweckbestimmung noch einer näheren Regelung bedarf. So können etwa Regelungen über Haustierhaltung oder Musizieren getroffen werden.

Gemeinschaftliches Eigentum

Hierzu gehören das Grundstück und das Gebäude mit Ausnahme der Teile, die im Sondereigentum oder im Eigentum eines Dritten stehen. Zum Gebäude zählen vor allem alle tragenden Bauteile, Versorgungsleitungen bis zu den Eigentumswohnungen, Heizungsanlage, Aufzug, Treppenhaus und Fassade. Ferner gehören hierher alle Gemeinschaftsanlagen, wie Gemeinschaftsräume, Außenanlage oder Schwimmbad und Sauna. Dieses Gemeinschaftseigentum wird von der Eigentümergemeinschaft mit dem höchsten Verwaltungsorgan, der Eigentümerversammlung, verwaltet. An den Kosten und Lasten des gemeinschaftlichen Eigentums sind die Wohnungseigentümer entsprechend ihrem Miteigentumsanteil oder entsprechend einem anderen Verteilungsschlüssel beteiligt.

Gemeinschaftsordnung (Grundordnung)

Mit ihr regeln die Wohnungseigentümer die Rechtsbeziehungen untereinander hinsichtlich des Sondereigentums, des Gemeinschaftseigentums und der Mitgliedsrechte. Insofern kann die Gemeinschaftsordnung mit der Satzung eines Vereins verglichen werden. Eine Gemeinschaftsordnung ist nahezu in jeder Teilungserklärung enthalten. Die Gemeinschaftsordnung wird durch Eintragung im Grundbuch zum Inhalt des Sondereigentums erklärt. Somit sind auch spätere Käufer der Eigentumswohnung an die Gemeinschaftsordnung gebunden.

Haftung des Verwalters

Der Verwalter haftet für jedes Verschulden bei Verletzung seiner Pflicht. Das heißt, wenn der Verwalter schuldhaft, mindestens die im Verkehr erforderliche Sorgfalt außer Acht lassend, seine Verpflichtung der ordnungsgemäßen Instandhaltung und Instandsetzung des gemeinschaftlichen Eigentums verletzt, so haftet er den Wohnungseigentümern für den daraus entstandenen Schaden. Er haftet demzufolge z. B. für Mietausfall oder für die Mehrkosten bei verzögerten Sanierungsmaßnahmen.

Hausgeld

Zur Zahlung des Haus- oder Wohngelds ist jeder Wohnungseigentümer verpflichtet. Das Hausgeld ist die Gesamtheit der Lasten des gemeinschaftlichen Eigentums sowie die Kosten der Instandhaltung, Instandsetzung, der sonstigen Verwaltung und des gemeinschaftlichen Gebrauchs des Gemeinschaftseigentums. Diese Lasten und Kosten muss der Wohnungseigentümer nach dem Verhältnis seines Miteigentumsanteils oder nach einem anderen Verteilungsschlüssel tragen. Das Haus- oder Wohngeld wird entsprechend dem beschlossenen Wirtschaftsplan monatlich pauschal im Voraus an die Wohnungseigentümergemeinschaft zu Händen des Verwalters geleistet.

Hausordnung

Die Hausordnung enthält im Allgemeinen eine Umschreibung der Sorgfaltspflichten der Wohnungseigentümer. Sinn und Zweck ist es, ein möglichst reibungsloses Zusammenleben aller Hausbewohner zu gewährleisten. In vielen Fällen ist die Hausordnung schon Bestandteil der Gemeinschaftsordnung. Die Wohnungseigentümer können eine Hausordnung mehrheitlich beschließen, wenn noch keine Hausordnung besteht. Es besteht ferner die Möglichkeit, den Verwalter in der Gemeinschaftsordnung oder durch Mehrheitsbeschluss zu ermächtigen, eine Hausordnung aufzustellen.

Instandhaltung und Instandsetzung

Instandhaltung und Instandsetzung bedeuten grundsätzlich Erhaltung und notfalls Wiederherstellung des ursprünglichen ordnungsgemäßen Zustands. Instandhaltung ist die laufende Pflege und Erhaltung des gemeinschaftlichen Eigentums in seinem Wert. Hierzu gehört die Beseitigung von Mängeln, die durch Alterung, Abnutzung, Witterungseinflüsse oder sonstigen Verschleiß entstehen. Demgegenüber bedeutet Instandsetzung die Wiederherstellung eines einmal vorhandenen ordnungsgemäßen Zustands. Dies ist insbesondere die Beseitigung von Baumängeln und Schäden an Gebäuden, die durch Abnutzung, Alterung, Witterung und Umwelteinflüsse sowie durch Einwirkung Dritter entstanden sind. Zur Instandsetzung gehört aber auch die Anpassung des vorhandenen Zustands an durch zwingendes Recht wirksam begründete neue baurechtliche Anforderungen. Die Eigentümerversammlung entscheidet durch

Mehrheitsbeschluss über die Durchführung notwendiger Instandhaltungs- und Instandsetzungsarbeiten am gemeinschaftlichen Eigentum. Die aus solchen Arbeiten entstehenden Kosten haben die Wohnungseigentümer jeweils nach ihrem entsprechenden Miteigentumsanteil oder nach einem anderen Verteilungsschlüssel zu tragen.

Instandhaltungsrücklage

Zur ordnungsgemäßen, den Interessen der Gesamtheit der Wohnungseigentümer entsprechenden Verwaltung gehört auch, dass die Eigentümergemeinschaft eine angemessene Instandhaltungsrücklage bzw. Rücklage ansammelt und bildet. Sinn und Zweck dieser Rücklage ist es, Geldmittel anzusammeln, die künftig anfallende größere, vorhersehbare Kosten der Instandhaltung und Instandsetzung abdecken. Aber auch unvorhersehbare und plötzlich auftretende Reparaturkosten sollen aus der Rücklage bestritten werden. Was eine angemessene Rücklage ist, hat der Gesetzgeber nicht geregelt. Insofern kann die Eigentümerversammlung selbst darüber bestimmen, in welcher Höhe sie Rücklagen bilden möchte. Für die Höhe der Rücklage kommt es im Besonderen auf die einzelne Wohnanlage an. Ausschlaggebend sind das Alter und der Zustand des Gebäudes oder aber auch die Frage, in welchem Umfang technische und reparaturträchtige Einrichtungen vorhanden sind. Da die Rücklagen Gemeinschaftseigentum sind, können die gezahlten Beiträge im Jahr der Zahlung noch nicht als Werbungskosten bei den Einkünften aus Vermietung und Verpachtung geltend gemacht werden. Ein Abzug ist erst dann möglich, wenn aus diesen Beiträgen Instandhaltungsmaßnahmen bezahlt werden. Aus demselben Grund kann auch ein ausgeschiedener Wohnungseigentümer keinen Rückzahlungsanspruch aus den Rücklagen geltend machen.

Jahresabrechnung

Aufgabe des Verwalters ist es, einmal im Jahr über die Einnahmen und Ausgaben, die in der Wohnanlage angefallen sind, abzurechnen. In der Regel ist der Abrechnungszeitraum das Kalenderjahr. Jedoch kann in der Teilungserklärung ein abweichender Abrechnungszeitraum geregelt werden (wie z. B. 01.07.–30.06.). In der Jahresabrechnung werden tatsächliche Einnahmen und Ausgaben gegenübergestellt. Hierbei ist eine besondere Form der Abrechnung nicht vorgeschrieben. Es gelten aber die gleichen Grundsätze wie für die Betriebs- und Heizkostenabrechnungen, zu denen der Vermieter gegenüber seinem Mieter verpflichtet ist. Wenn in der Teilungserklärung nichts anderes geregelt ist, entscheiden die Wohnungseigentümer über die Jahresabrechnung mit einfacher Stimmenmehrheit. Wird die Jahresabrechnung durch Beschluss genehmigt, so ist sie insgesamt verbindlich. Dasselbe gilt auch für Einzelabrechnungen, die zur Beschlussfassung vorgelegt werden. Mit der Genehmigung der Jahresabrechnung durch die Eigentümerversammlung wird zugleich der Verwalter entlastet, wenn dies nicht schon in einem gesonderten Tagesordnungspunkt geschehen ist.

Miteigentumsanteil

Der Miteigentumsanteil muss mit einem Sondereigentum verbunden sein. Berechnet wird der Miteigentumsanteil in der Regel aus der Größe der Wohn- oder Nutzfläche der Eigentumswohnungen. Normalerweise wird der Miteigentumsanteil in Tausendstel (z. B. 112/1000) angegeben. Der Miteigentumsanteil hat deshalb eine besondere Rolle, weil er als Schlüssel für die Verteilung sämtlicher Kosten dient, welche die Wohnungseigentümer mitzutragen haben, wenn die Eigentümerversammlung keinen anderen Verteilungsschlüssel festgelegt hat. Außerdem sehen die meisten Teilungserklärungen vor, dass das Stimmrecht in der Eigentümerversammlung nach dem Umfang der Miteigentumsanteile ausgeübt wird. Eine Übereinstimmung zwischen dem Wert und der Größe der einzelnen Wohnungen und ihrem Anteil am gemeinschaftlichen Eigentum ist nicht notwendig.

Ordnungsgemäße Verwaltung

Der Gesamtheit der Wohnungseigentümer steht die Verwaltung des gemeinschaftlichen Eigentums zu. Die Verwaltung ist dann „ordnungsgemäß“, wenn sie den Interessen der Gesamtheit der Wohnungseigentümer entspricht und dem geordneten Zusammenleben der Gemeinschaft dient. Zu einer ordnungsgemäßen, dem Interesse der Gesamtheit der Wohnungseigentümer entsprechenden Verwaltung gehört insbesondere die Aufstellung der Hausordnung, Instandhaltung und Instandsetzung des gemeinschaftlichen Eigentums, Abschluss von Gebäude- und Haftpflichtversicherungen, Ansammlung einer angemessenen Rücklage, Aufstellung eines Wirtschaftsplans und beispielsweise die Duldung aller Maßnahmen, die zur Herstellung einer Rundfunkempfangsanlage oder eines Energieversorgungsanschlusses zugunsten eines Wohnungseigentümers erforderlich sind. Wenn in der Teilungserklärung oder der Gemeinschaftsordnung nichts anderes geregelt ist, werden Maßnahmen ordnungsgemäßer Verwaltung durch Mehrheitsbeschluss in der Eigentümerversammlung entschieden.

Protokoll

Über die Eigentümerversammlung ist eine Niederschrift, das Versammlungsprotokoll, zu fertigen. Verantwortlich für die ordnungsgemäße Erstellung der Niederschrift ist der Vorsitzende der Eigentümerversammlung. Die Niederschrift muss vom Vorsitzenden der Eigentümerversammlung, vom Vorsitzenden des Verwaltungsbeirats oder seinem Vertreter und von mindestens einem Wohnungseigentümer unterzeichnet sein. Die von der Eigentümerversammlung gefassten Beschlüsse müssen als Mindestinhalt im Protokoll aufgeführt werden. Daneben sollte die Niederschrift auch Angaben über Ort und Zeit der Versammlung sowie der anwesenden bzw. der vertretenen Miteigentümer enthalten. Des Weiteren sollte das Protokoll Angaben über die Beschlussfähigkeit und die Tagesordnungspunkte mit den Anträgen, über die abgestimmt wurde, enthalten.

Sondereigentum

Sondereigentum ist echtes Eigentum. Es ist das Alleineigentum an einer Wohnung oder an nicht zu Wohnzwecken dienenden Räumen, wie z. B. Keller. Das Sondereigentum umfasst die gesamte Wohnung, das heißt alles innerhalb der Wohnung. Das sind zum Beispiel nichttragende Innenwände, Putz- und Wandbeläge, der Fußbodenbelag einschließlich Estrich, Leitungen, Heizkörper, Sanitär- und Elektroinstallationen, Türen und Balkon. Der einzelne Wohnungseigentümer kann grundsätzlich über sein Sondereigentum allein verfügen. Er kann das Sondereigentum in jeder Form nutzen, die nicht eine Inanspruchnahme der gemeinschaftlichen Sachen und Dienste über die Grenzen des eigenen Anteils hinaus zur Folge hat. Aber der Wohnungseigentümer muss auch die im Bereich seines Sondereigentums entstehenden Betriebskosten sowie Aufwendungen für Reparaturen und Instandhaltung selbst tragen.

Sondernutzungsrecht

Einzelnen Wohnungseigentümern kann in der Teilungserklärung das Recht auf die alleinige und ausschließliche Nutzung bestimmter Flächen und Räume eingeräumt werden, obwohl diese Flächen und Räume eigentlich im gemeinschaftlichen Eigentum stehen. Typischerweise werden solche Sondernutzungsrechte, die weit verbreitet sind, an Kfz-Stellplätzen eingeräumt. Den Eigentümern einer Erdgeschosswohnung wird häufig das Recht eingeräumt, die Gartenfläche vor ihrer Wohnung allein nutzen zu dürfen. Derartige Sondernutzungsrechte dürfen nur mit Zustimmung aller Wohnungseigentümer geändert oder ergänzt werden und müssen im Grundbuch eingetragen sein.

Sonderumlage

Zur Behebung von Liquiditätsschwierigkeiten kann eine Sonderumlage beschlossen werden. Dies ist meist dann der Fall, wenn die Ansätze des Wirtschaftsplans unrichtig waren, durch neue Tatsachen überholt sind oder der Wirtschaftsplan aus anderen Gründen zum Teil nicht mehr durchgeführt werden kann. In der Regel ist die Sonderumlage eine einmalige Zahlung neben der monatlichen Wohngeldzahlung. Die Sonderumlage kann jedoch auch dazu dienen, benötigte Mittel für die Instandhaltung und Instandsetzung aufzubringen. Die Sonderumlage bedarf eines Mehrheitsbeschlusses der Eigentümerversammlung, es sei denn, dem Verwalter ist bereits eine allgemeine entsprechende Ermächtigung erteilt worden.

Stimmrecht

Jeder Wohnungseigentümer hat eine Stimme. Steht eine Eigentumswohnung gemeinschaftlich mehreren zu, wie beispielsweise Eheleuten oder Partnern einer nichtehelichen Lebensgemeinschaft, so können diese das Stimmrecht nur einheitlich ausüben. In der Regel enthält jede Teilungserklärung oder Gemeinschaftsordnung eine Bestimmung über das Stimmrecht. Im Gegensatz zum Kopfprinzip gilt in der Regel das Wertprinzip. Das bedeutet, dass sich das Stimmrecht nach der Größe des jeweiligen Miteigentumsanteils orientiert. Grundsätzlich ist es möglich, dass sich ein Wohnungseigentümer in der Eigentümerversammlung vertreten lässt. In der Teilungserklärung oder Gemeinschaftsordnung kann aber eine Beschränkung der Vertretung auf bestimmte Personen geregelt werden, so dass sich Wohnungseigentümer nur durch Angehörige, zu diesen gehört in diesem Fall auch der Partner einer nichtehelichen Lebensgemeinschaft, andere Wohnungseigentümer oder den Verwalter vertreten lassen dürfen. Somit wäre in diesem Fall auch ein Rechtsanwalt in der Regel nicht teilnahmeberechtigt. Ausnahmsweise kann er nur dann teilnehmen, wenn berechtigte Interessen des betreffenden Wohnungseigentümers bestehen.

Tagesordnung

Im Einladungsschreiben zur Eigentümerversammlung müssen die Punkte angegeben werden, über die ein Beschluss gefasst werden soll. Ein gültiger Beschluss kann nur über solche Tagesordnungspunkte gefasst werden, die im Einladungsschreiben genannt sind. Maßgeblich hierfür ist das berechtigte Informationsbedürfnis der Wohnungseigentümer, denen die Möglichkeit zur Vorbereitung gegeben werden soll und die vor Überraschungen geschützt sein müssen. Der Gegenstand, über den Beschluss gefasst werden soll, ist vom Verwalter im Einladungsschreiben so genau wie möglich anzugeben. Dem Wohnungseigentümer soll die Möglichkeit zur Vorbereitung gegeben werden und zur Überlegung, ob seine Teilnahme an der Eigentümerversammlung notwendig ist. Hierbei ist es jedoch nicht erforderlich, dass das Einladungsschreiben bereits alle Einzelheiten des Beschlussgegenstands enthält. Es genügt jede Angabe, die erkennen lässt, über welche Punkte beraten und beschlossen werden soll. Nicht ausreichend hingegen sind Pauschalankündigungen, wie z. B. „Reparatur- und Erneuerungsmaßnahmen 2008". Eine stichwortartige Bezeichnung des Beschlussgegenstands ist dann ausreichend, wenn sich schon eine frühere Eigentümerversammlung mit dem Gegenstand befasst hatte. Unter dem Tagesordnungspunkt „Verschiedenes" oder „Sonstiges" können keine Beschlüsse gefasst werden, es sei denn, es handelt sich um Angelegenheiten von untergeordneter Bedeutung. Die Punkte, die auf die Tagesordnung kommen, werden vom Verwalter bestimmt. Der einzelne Wohnungseigentümer allein kann nicht verlangen, dass Themen zur Beschlussfassung in die Tagesordnung aufgenommen werden. Allerdings hat mehr als ein Viertel der Wohnungseigentümer den Anspruch darauf, dass bestimmte Punkte zur Beschlussfassung auf die Tagesordnung gesetzt werden.

Teileigentum

Teileigentum und Wohnungseigentum unterscheiden sich dadurch, dass das Teileigentum Sondereigentum an nicht zu Wohnzwecken dienenden Räumen ist. Es sind also Räume, die baulich nicht als Wohnung ausgestaltet sind und nach der Teilungserklärung nicht zu Wohnzwecken bestimmt sind. Wenn einzelne Räume als Teileigentum bezeichnet sind, gibt dies dem Eigentümer die Möglichkeit, die Räume in beliebiger Weise gewerblich, beruflich oder in einer anderen Weise zu nutzen. Der Umfang der zulässigen Nutzung des Teileigentums kann durch Zusatzbezeichnungen eingeschränkt werden. Ein „Laden" darf beispielsweise weder als bis in die Nacht hinein geöffnete Gaststätte noch als Tanzcafé betrieben werden.

Teilrechtsfähigkeit

Mit der Entscheidung vom 2.6.2005 bejahte der BGH die Teilrechtsfähigkeit der Wohnungseigentümergemeinschaft. Bei der

Wohnungseigentümergemeinschaft handelt es sich um ein selbstständiges Rechtssubjekt, das bei der Verwaltung des gemeinschaftlichen Eigentums unter seinem eigenen Namen Rechte erwerben und Verbindlichkeiten eingehen kann. Die teilrechtsfähige Wohnungseigentümergemeinschaft kann somit am Rechtsverkehr teilnehmen. Auch wenn Wohnungseigentum an Dritte (durch Verkauf) übertragen wird, bleibt das Verwaltungsvermögen bei der teilrechtsfähigen Wohnungseigentümergemeinschaft erhalten.

Teilungserklärung

Sie ist der wichtigste Bestandteil der Regelungen für alle Eigentümer einer Eigentumswohnanlage, da durch sie das Wohnungseigentum quasi begründet wird. Die Teilungserklärung ist in Verbindung mit der Gemeinschaftsordnung die juristische Basis für die Beziehungen der Eigentümer untereinander. Der Anteil jedes Eigentümers am Grundstück und am Gebäude, aufgeteilt nach Gemeinschaftseigentum und Sondereigentum, ist in der notariell beglaubigten Teilungserklärung festgelegt. Die Teilungserklärung enthält einen Aufteilungsplan mit Grundrissen des Gemeinschaftseigentums und der Eigentumswohnungen.

Verwalter

Neben der Eigentümerversammlung ist der Verwalter das wichtigste Organ (aber nicht im Rechtssinne) der Eigentümergemeinschaft. Die Eigentümerversammlung bestellt den Verwalter durch Beschluss mit Stimmenmehrheit, ebenso wird er auch durch die Eigentümerversammlung abberufen. Die Bestellung des Verwalters darf auf maximal fünf Jahre erfolgen, wobei eine erneute Bestellung nach Ablauf dieser fünf Jahre zulässig ist. Obwohl die Tätigkeit des Verwalters hohe Ansprüche an seine wirtschaftliche und rechtliche Sachkunde stellt, verlangt das Gesetz weder einen Befähigungsnachweis noch andere Qualifikationen. D. h. jede natürliche oder juristische Person kann Verwalter werden, und die Eigentümergemeinschaft ist aufgefordert, ihren Verwalter mit Bedacht und Sorgfalt auszuwählen. Die

Aufgaben und Befugnisse des Verwalters sind umfassend. So ist er berechtigt und verpflichtet, die Beschlüsse der Eigentümerversammlung durchzuführen, für die Einhaltung der Hausordnung zu sorgen, für die ordnungsgemäße Instandhaltung und Instandsetzung des gemeinschaftlichen Eigentums erforderliche Maßnahmen zu treffen, in dringenden Fällen sonstige zur Erhaltung des gemeinschaftlichen Eigentums erforderliche Maßnahmen zu treffen und gemeinschaftliche Gelder zu verwalten.

Der Verwalter hat ferner die Befugnis, für die Eigentümergemeinschaft Zahlungen entgegenzunehmen und auszuführen. Des Weiteren ist er berechtigt, Willenserklärungen und Zustellungen entgegenzunehmen, die an die Eigentümergemeinschaft gerichtet sind. Die Ansprüche der Eigentümergemeinschaft kann er gerichtlich und außergerichtlich geltend machen. Er ist verpflichtet, mindestens einmal jährlich eine Eigentümerversammlung einzuberufen. Zusätzliche Rechte und Pflichten des Verwalters können sich aus der Teilungserklärung, der Gemeinschaftsordnung, dem Verwaltervertrag oder aus Beschlüssen der Eigentümerversammlung ergeben. Das Verwalterhonorar kann die Eigentümergemeinschaft mit dem Verwalter frei vereinbaren, wobei die Höhe des Honorars abhängig ist von der Zahl der Wohnungseinheiten, dem Umfang der zu betreuenden Gemeinschaftseinrichtungen sowie dem Umfang der Aufgaben. Verwalter arbeiten meist mit einem Katalog, der die Grunddienstleistungen beschreibt. Arbeiten, die über das Vertragliche hinausgehen, werden pauschal oder nach Aufwand extra berechnet. Da der Verwalter Erfüllungs- bzw. Verrichtungsgehilfe der Wohnungseigentümer ist, besteht die Möglichkeit, dass die Gemeinschaft für ein Verschulden bei der Auswahl des Verwalters haftet.

Verwaltungsbeirat

Die Wohnungseigentümer können in der Eigentümerversammlung durch Mehrheitsbeschluss einen Verwaltungsbeirat bestellen. Dies ist jedoch nicht zwingend vorgeschrieben und der Verwaltungsbeirat ist kein Organ im Rechtssinne. Besonders aber in größeren

Eigentumswohnanlagen ist es ratsam, von dieser Möglichkeit Gebrauch zu machen. Der Verwaltungsbeirat besteht aus mindestens einem Wohnungseigentümer als Vorsitzendem und zwei weiteren Wohnungseigentümern als Beisitzern. Dem Verwaltungsbeirat werden durch das Wohnungseigentumsgesetz insbesondere folgende Aufgaben zugewiesen: Unterstützung des Verwalters bei der Durchführung seiner Aufgaben; Prüfung des Wirtschaftsplans, der Jahresabrechnung, Rechnungslegung und Kostenvoranschläge und Stellungnahme zum Ergebnis der Prüfung gegenüber der Eigentümerversammlung; Mitunterzeichnung des Versammlungsprotokolls. Vom Vorsitzenden wird der Verwaltungsbeirat nach Bedarf einberufen.

Wirtschaftsplan

Dieser ist vom Verwalter aufzustellen und kann als Haushaltsplan der Eigentümergemeinschaft für das folgende Kalender- oder Wirtschaftsjahr angesehen werden. Bis über einen neuen Wirtschaftsplan Beschluss gefasst wird, bleibt der zuletzt beschlossene Wirtschaftsplan die Rechtsgrundlage für das Wohngeld bzw. die Hausgeldzahlungen der Eigentümer. Zu den drei folgenden Positionen muss der Wirtschaftsplan Angaben enthalten: Voraussichtliche Einnahmen und Ausgaben bei der Verwaltung des gemeinschaftlichen Eigentums; anteilmäßige Verpflichtung der Wohnungseigentümer zur Lasten- und Kostenverteilung unter Angabe des jeweils zutreffenden Verteilerschlüssels; Beitragsleistung der Wohnungseigentümer zur Instandhaltungsrücklage. In der Praxis hat es sich als vorteilhaft erwiesen, dass die Aufgliederung des Wirtschaftsplans genau der Jahresabrechnung angeglichen wird. Auf diese Art und Weise wird ein Vergleich der veranschlagten Einnahmen und Ausgaben mit den dann tatsächlich angefallenen Kosten wesentlich erleichtert.

Wohnungseigentum

Im Gegensatz zum Teileigentum ist das Wohnungseigentum das Sondereigentum an einer Wohnung, das unlösbar mit dem Miteigentumsanteil an dem gemeinschaftlichen Eigentum verbunden ist, zu dem es gehört. Das Wohnungseigentum unterscheidet sich also vom Teileigentum lediglich durch die Zweckbestimmung der im Sondereigentum stehenden Räume.

Wohnungsgrundbuch

Wenn ein Mehrfamilienhaus in Eigentumswohnungen aufgeteilt wird, so wird für jedes Wohnungseigentum und Teileigentum ein eigenes Grundbuchblatt im Grundbuch angelegt, dem so genannten „Wohnungsgrundbuch“. Hier wird das zum Miteigentumsanteil gehörende Sondereigentum eingetragen. Das Wohnungsgrundbuch besteht aus einem Deckblatt, dem Bestandsverzeichnis sowie den Abteilungen I (Eigentümer und Eintragungsgrundlage), II (Lasten und Beschränkungen) und III (Hypotheken-, Grund- und Rentenschulden).

Zwangsverwaltung

Gegen einen wegen bestehender Zahlungsrückstände säumigen Wohnungseigentümer ist die Zwangsverwaltung eine Möglichkeit der Zwangsvollstreckung. Der Zwangsverwalter wird vom Gericht eingesetzt, und die Verwaltung der Eigentumswohnung des säumigen Miteigentümers geht auf ihn über. Das bedeutet: der Zwangsverwalter übt anstelle des Wohnungseigentümers in der Eigentümerversammlung das Stimmrecht aus. Der Verwalter hat die Ausgaben und Forderungen der Hausverwaltung vorweg, d. h. vor den Ansprüchen anderer Gläubiger, zu befriedigen. Insbesondere zählen hierzu das Hausgeld, die Kosten der Instandhaltung und Instandsetzung, Beiträge zur Instandhaltungsrücklage und zu Sonderumlagen. Wenn die Wohnung des säumigen Miteigentümers leer steht, ist der Zwangsverwalter berechtigt, sie zu vermieten.

Findex